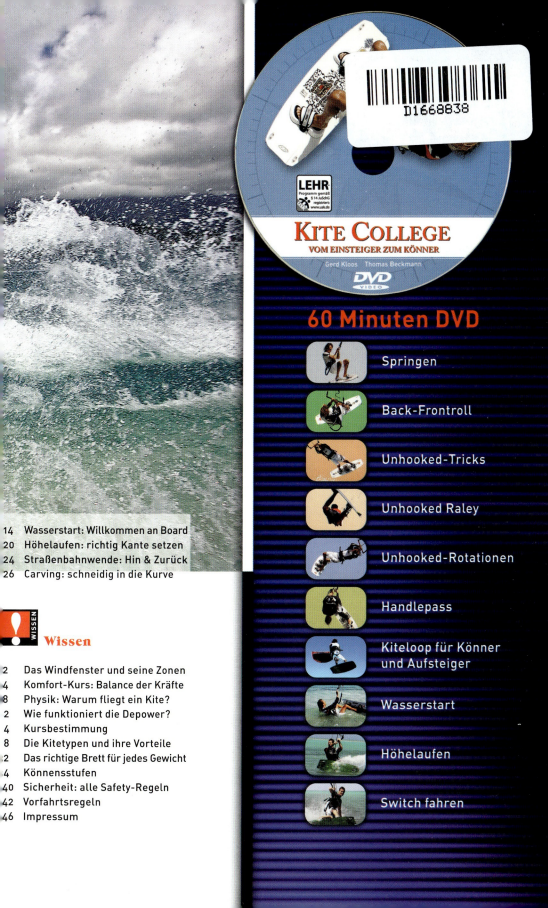

14	Wasserstart: Willkommen an Board
20	Höhelaufen: richtig Kante setzen
24	Straßenbahnwende: Hin & Zurück
26	Carving: schneidig in die Kurve

Wissen

2	Das Windfenster und seine Zonen
4	Komfort-Kurs: Balance der Kräfte
8	Physik: Warum fliegt ein Kite?
2	Wie funktioniert die Depower?
4	Kursbestimmung
8	Die Kitetypen und ihre Vorteile
2	Das richtige Brett für jedes Gewicht
4	Könnensstufen
40	Sicherheit: alle Safety-Regeln
42	Vorfahrtsregeln
46	Impressum

Die Frische-Garantie

Foto: Stephan Whitesll

Zwischen 4 und 30, zwischen 10 und 70. Wasser ist bei jeder Temperatur eine Frischegarantie für Kiter von zehn bis 70. Robby Naish, einst ein Idol von Klitmøller bis Kailua, hat auch im reiferen Alter nichts von seinem Style verloren. Kitesurfen ist längst nicht mehr reduziert auf den Jugendwahn-Sinn der radikalsten Wakestyle-Tricks, jetzt erobern die Freerider mit entspanntem Gleiten, hohen Sprüngen und Speedduellen die Spots zwischen San Francisco und Sylt.

Hier ist die Luft
zwei Meter

schon
über dem Wasser dünn

Kitesurfen ist hier auf cool und kalt gewendet. Der Deutsche Mario Rodwald war noch zu jung zum Autofahren, aber im Worldcup schon unter den Besten. Das Wasser bei dieser Aufnahme war so kalt, dass ihn die Robben um seinen Neo beneidet haben. Auch bei diesen Verhältnissen ist Style so wichtig, dass selbst bei einem „geladenen" Wakestyle-Sprung die Luft im ersten Stock schon sehr dünn ist.

Foto: Reemedia

Glasklare Perspektiven

Die Aussichten sind gut: Kitesurfen kann man in einem Sommer lernen. Gleiten, Springen, Rotationen haben ehrgeizige Einsteiger in der ersten Saison auf dem Trainingsplan. Aber man muss nicht im Expresstempo lernen. Christian May, der jetzt zehn Jahre beim Sport ist, rät den Anfängern, sich nicht unter Druck zu setzen. Nicht der Trick ist das Ziel, sondern der Weg dorthin.

... (RIDER) //
Mario Rodwald

... (ACTION PIC) //
Mario Entero

... (CHECK OUT) //
www.northkites.com

WISSEN

WINDFENSTER – DIE KRAFTZONEN

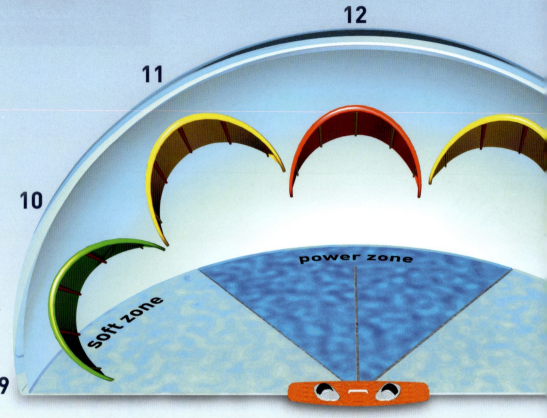

Ganz außen am Windfensterrand wird der Kite nur mit Windgeschwindigkeit angeströmt und ist deshalb (relativ) friedlich. In der Powerzone fliegt der Kite sehr viel schneller und entwickelt deshalb extremen Zug nach Lee.

Gute Zonen, schlechte Zonen

Im Gegensatz zum Gleitschirm ist der Flugraum beim Kiten durch die Leinenlängen begrenzt. In den verschiedenen Zonen des Windfensters zieht der Kite unterschiedlich stark.

Das Windfenster wird wie von einem Zirkel gezeichnet: Dort wo beim Zirkel der Bleistift sitzt, hängt der Schirm, wo die Nadelspitze einsticht, steht der Kiter. Die Leinenlängen bestimmen die Größe des Halbkreises. Unser Windfenstermodell ist aber kein zweidimensionaler Kreis, sondern ein Viertel aus einer Kugel, anschaulich: eine zweigeteilte Melonenhälfte. Und in diesem Raum – dem Windfenster – bewegt sich die ganze Kiter-Herrlichkeit. Wenn ein Kite diese Sphäre verlässt und über den Rand Richtung Wind

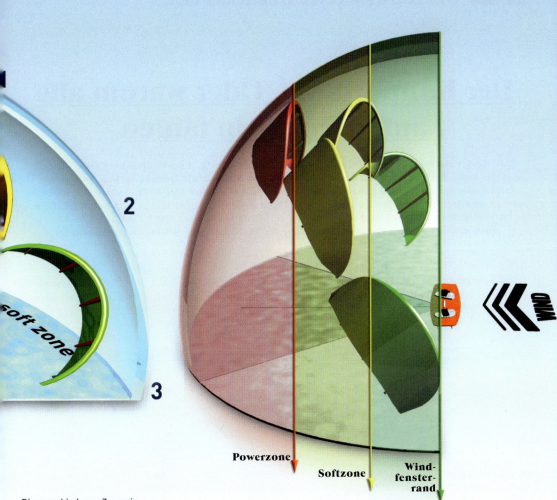

Die verschiedenen Zonen in der Seitenansicht: Der Windfensterrand ist Fluchtpunkt und Höhelauf-Position, tief in der Powerzone holt man sich die Power für den Wasserstart, den Kiteloop und bei leichten Winden.

hinausschießt, dann stürzt er ab. Wenn er genau an diesem Rand (siehe grüner Schirm) fliegt, dann bewegt er sich in der grünen, der Friedenszone. Je tiefer er ins (hintere) Windfenster eindringt, desto mehr Zug entwickelt der Kite. In der roten Zone will man den Schirm eigentlich nie haben – es sei denn, der Kiter startet aus dem Wasser (und braucht viel Power), er sucht bei schwachem Wind mehr Auftrieb oder er macht einen Kiteloop.
Der Aerodynamiker Andi Hanrieder räumt mit einem Mythos auf, der sich in vielen Lehrbüchern erhalten hat: „Der Wind ist natürlich im ganzen Windfenster gleich stark. Der unterschiedliche Zug in den Windfinster-Zonen resultiert aus der veränderten Fluggeschwindigkeit des Kites. Am Windfensterrand, also dort, wo die Anfänger üben, wird der Kite nur mit Windgeschwindigkeit angeströmt. In der Powerzone dagegen erzeugt der Kite selbst noch Fahrtwind und wird (resultierend) von wahrem Wind plus Fahrtwind angeströmt. (gemeint ist die vektorielle Addition). In der Powerzone ändert sich beim Durchfliegen der Anstellwinkel, wie viele glauben, nicht."

GLEICHGEWICHT DER KRÄFTE

Der Komfortkurs. Oder warum alle auf einem Strip fahren

Das Revier vor dem Kiteboarding-Club in Gouna ist riesig. Und doch fahren, wie überall auf der Welt, die Kiter immer auf einem Strip. Hat das soziale Gründe (sehen und gesehen werden) oder etwa doch geheime, physikalische Ursachen? Der KITE-Autor und Sportwissenschaftler Thomas Beckmann hat die Theorie vom Systemgleichgewicht entwickelt: Sie ist verblüffend einleuchtend. Am meisten verblüfft aber, dass diese Erklärung bisher so noch nie in den Unterrichts-Materialien der Verbände und Schulen aufgetaucht ist.

Den Rudeleffekt gibt es auf jeden Fall. Kitesurfer halten häufig nach den Zuschauern ausschau, um Ihre neuen Tricks vorzuführen – ich nenne Sie ja nur Schnitten-Manöver.

Neben dieser sozialen Komponente gibt es aber auch noch eine physikalische Begründung, warum der durchschnittliche Kitesurfer nicht andauernd seinen Kurs ändert und zwischen Amwind-, Halbwind-, und Raumwind-Kurs wechselt. Im Grunde nimmt man mit den vorgegebenen äußeren Bedingungen (vornehmlich der Wind) und des gewählten Materials (Kite und Board) einen Idealkurs mit aufs

Gemäßigter Am-Wind-Kurs

Zwölfer-Kite, 15 Knoten Wind. Der Kiter kann mit gleichem Zug auf den Leinen höher an den Wind gehen. Der Winkel zwischen Leinen und Boardmittelachse bleibt gleich. Aus zeichnerischen Gründen fliegt der Kite auf 10.30 Uhr. Tatsächlich steht er nur weiter vorne am Windfensterrand.

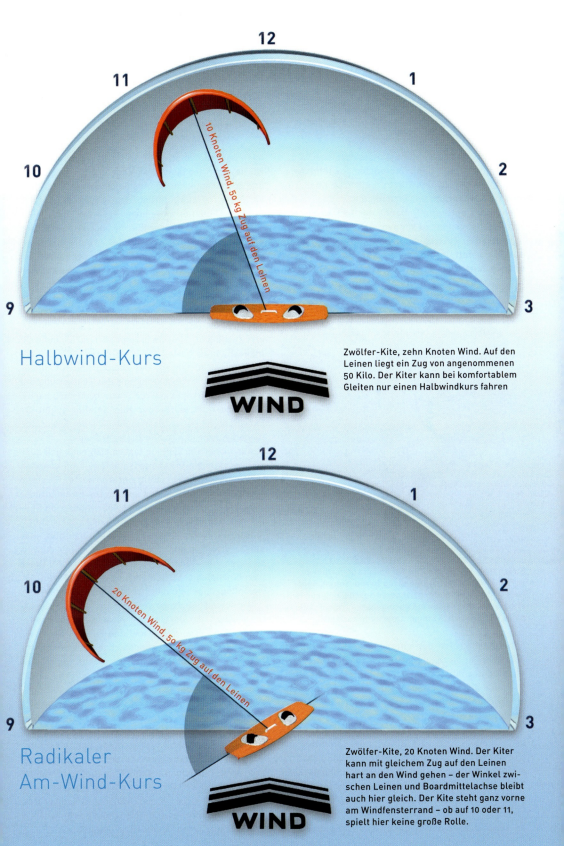

Halbwind-Kurs

Zwölfer-Kite, zehn Knoten Wind. Auf den Leinen liegt ein Zug von angenommenen 50 Kilo. Der Kiter kann bei komfortablem Gleiten nur einen Halbwindkurs fahren

Radikaler Am-Wind-Kurs

Zwölfer-Kite, 20 Knoten Wind. Der Kiter kann mit gleichem Zug auf den Leinen hart an den Wind gehen – der Winkel zwischen Leinen und Boardmittelachse bleibt auch hier gleich. Der Kite steht ganz vorne am Windfensterrand – ob auf 10 oder 11, spielt hier keine große Rolle.

GLEICHGEWICHT DER KRÄFTE

Wasser. Um das zu verstehen, muss man sich vergegenwärtigen, dass das Windfenster ein sehr variables Konstrukt ist. Der durchschnittliche Kitesurfer wählt die Kitegröße am Strand so aus, dass in der leichten bis mittleren Softzone der Druck entsteht, komfortabel gleiten zu können. Ganz im Sinne einer modellhaften Überlegung gehen wir also mal davon aus, dass der Durchschnitts-Kiter auf der Suche nach 50 Kilo Zug ist, um in seinen gewünschten

Stefan fährt ganz entspannt auf einem komfortablem Kurs am Wind. Um den Leinenzug zu reduzieren, depowert er den Schirm. Bei geringerer Geschwindigkeit läuft er übrigens mehr Höhe mit geringerem Aufwand. Allerdings ist er natürlich länger unterwegs nach Luv.

Fahrzustand, also der entspannten Gleitfahrt, zu kommen. Für diese 50 Kilo existiert in der jeweiligen Windfensterhälfte nur ein sehr kleiner Bereich. Wenn ich diesen verlasse, ernte ich entweder mehr Zug (weiter Richtung Powerzone) oder weniger Zug (weiter Richtung Rand).

Das Ziel eines jeden Kitesurfers ist das sogenannte Systemgleichgewicht. Direkt nach dem Start gilt es zu beschleunigen und die Fahrgeschwindigkeit zu erlangen, mit der der Kite Richtung Windfensterrand fliegt. Bewegen sich der Kite und der Fahrer mit der gleichen Geschwindigkeit in Richtung gedachtem Windfensterrand, und der Kite befindet sich genau an der Stelle, an der er die 50 Kilo Zug entwickelt, dann hat man es erreicht. Unter Laborbedingungen würde der Kiter bis an das Ende des Ozeans fahren und er müsste keinerlei Ausgleichsbewegungen, wie Veränderung des Kantendrucks oder Nutzung der Depower-Funktion anwenden.

Der Bereich, in der der Kite die angedachten 50 Kilo erzeugt, ist natürlich sehr variabel. In einem stark angepowerten Zustand ist diese Zone sehr nahe am Windfensterrand und im unterpowerten Zustand weit Richtung Powerzone. Dieses Phänomen hat ganz entscheidenden Einfluss auf den Kurs, den ich im Moment des Systemgleichgewichtes fahre. Bei angenommener gleicher Fahrgeschwindigkeit in diesen beschriebenen drei Zuständen, ist es im unterpowerten Zustand nicht möglich, einen harten Am-Wind-Kurs (45 Grad Richtung Wind) zu fahren. Der Hauptgrund für dieses Dilemma liegt in dem Verhältnis aus Zugrichtung des Kites und Fahrtrichtung. Auf einem gedachten harten Am-Wind-Kurs würde der Kite anteilig gegen die Fahrtrichtung ziehen, da man ihn nahe der Powerzone fliegen müsste, um 50 Kilo Zug zu erzeugen.

Aus dieser Darstellung lassen sich natürlich auch viele praktische Erkenntnisse ableiten. So kann ein Kitesurfer in einem völlig unterpowerten Zustand einfach keine Höhe laufen, auch wenn er ein ultimatives Gleitboard mit minimaler Abdrift unter den Füßen hat, denn die Physik lässt sich nicht überlisten.

Nun werden Kritiker sagen, dass nicht alle Kitesurfer gleich schnell fahren und es daher Abweichungen gibt – und sie haben natürlich recht. Diese phänomenologische Betrachtung lässt Raum für Abweichungen, behält aber trotzdem ihre Gültigkeit.

Wir schauen uns also an, wie es mit einem Kitesurfer aussieht, der bei gleichen Voraussetzungen (Kitegröße, Wind, Board, Gewicht und Fahrkönnen usw.) schneller fahren will. Grundsätzlich natürlich machbar, aber auf Kosten der Höhe. Denn wenn eine durchschnittliche Fahrgeschwindigkeit (hier angenommene 20 km/h) 50 Kilo Zug bedarf, dann muss der Freund der Geschwindigkeit für 30 km/h sicherlich schon 70 Kilo erzeugen. Die Zone, die diesen Zug bei gleichen Bedingungen erzeugt, liegt jedoch weiter Richtung Powerzone, daher muss der Speedkiter auch ein paar Grad seines Kurses zum Wind aufgeben, da sich ansonsten seine Fahrtrichtung mit der Zugrichtung nicht vereinbaren ließe. Aber Vorsicht: Durch seine höhere Fahrgeschwindigkeit kann er trotz schlechteren Kurses schneller im Luv sein, wenn er pro Zeiteinheit mehr Meter Höhe gewinnt.

Dirk Hanel beweist es schon mit dem Gesichtsausdruck: Höhelaufen funktioniert bei schwachem Wind schlechter (linkes Foto), bei stärkerem Wind zieht das Board mehr Höhe, was sich in einem entspannten Lächeln äußert. Wissenschaftlich beweist das unsere Grafik oben: Je stärker der „wahre" Wind, desto seitlicher kommt der (spürbare) „scheinbare" Wind – sprich, man kann anluven und mehr Höhe laufen. In der Grafik links ist der wahre Wind schwächer, der „scheinbare" Wind kommt mehr von vorne, der Winkel zum Wind ist schlechter.

Hier weht der Wind stärker, Dirk kann anluven und läuft jetzt mehr Höhe. In der Grafik oben kommt der „scheinbare" Wind mehr von der Seite, der Kiter kann höher an den Wind gehen – und das alles bei gleichem Zug im Kite – Dirk bewegt sich auf dem Komfortkurs, obwohl der Wind stärker ist.

AERODYNAMIK

Warum fliegt ein Kite?

Weil er soviel Luft in den Tubes hat? Eher nicht. Der studierte Aerodynamiker und Kite-Entwickler bei Flysurfer, Andi Hanrieder, erklärt es leicht verständlich: Die Oberseitenströmung wird beschleunigt, und die Unterseitenströmung verzögert. So entsteht auf der Oberseite ein Unterdruckgebiet, das den Flügel nach oben zieht und auf der Unterseite ein Überdruckgebiet, das den Flügel nach oben drückt.

In einigen Büchern wird viel Unsinn über die Auftriebsentstehung erzählt – so die Theorie mit der längeren Oberseite, weshalb das obere Luftteilchen schneller sein soll. Woher sollen die Luftteilchen aber wissen, dass sie hinten gleichzeitig ankommen sollen? In Wirklichkeit können auch symmetrische Profile mit gleich langen Seiten Auftrieb erzeugen, wie zum Beispiel an Finnen. Außerdem kommt die Oberseitenströmung nicht gleichzeitig an der Hinterkante an wie die Unterseitenströmung. Auch die Segel eines Segelboots oder ein Tubekite haben gleich lange Ober- und Unterseiten, und können dennoch Auftrieb erzeugen.

Die anschaulichste Erklärung, um die Auftriebsentstehung zu verstehen, ist die Black-Box-Erklärung. Die Strömung trifft einigermaßen ungestört von vorne auf das Flugobjekt. Hinter dem Flügel findet sich jene Luftströmung mit einer Abwärtskomponente wieder, der Abwind oder downwash hinter einem Flügel. Der Flügel muss also irgendwie die Luft nach unten beschleunigt haben und hat dabei einen Impuls an den Luftstrom übertragen. Gemäß Newton, Actio gleich Reactio, erfährt dabei der Flügel einen Gegenimpuls nach oben. Das ist der Auftrieb.

Diese Erklärung stützt sich auf den Impulserhaltungssatz, also lediglich Newtonsche Mechanik. Man sollte noch erwähnen, dass es vor dem Flügel auch einen Aufwind oder Upwash gibt, die Luft wird nach oben gesaugt, bevor sie auf den Flügel trifft, weil sie das Unterdruckgebiet auf der Oberseite anzieht.

Dieser Aufwind ist aber in seinem Impuls deutlich geringer als der Abwind hinter dem Flügel. Stellt man den Impulserhaltungssatz für ein beliebiges Kontrollvolumen um den Flügel auf (imaginäre Box um den Flügel), werden alle vom Flügel bewirkten vertikalen Impulse aufaddiert. Dabei bleibt dann in der Summe ein abwärts gerichteter Impuls übrig.

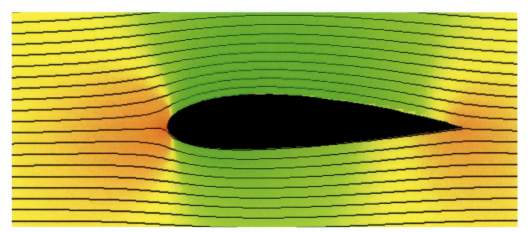

Dieser Flügel ist nicht angestellt, der Wind kommt genau von vorne wie bei einem Kite, der depowert am Himmel steht. Ergebnis: Kein Unterdruck an der Profil-Oberseite.

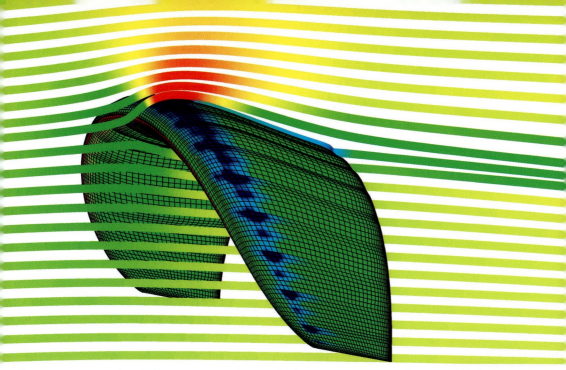

Eine Computer-Simulation der Strömung an einem Kite. Die alte Theorie von den Teilchen, die sich am Flügelende treffen, nachdem das eine oben einen längeren Weg hatte und deshalb schneller strömte, ist als Mär enttarnt.

Was genau in der Black-Box um den Flügel passiert, sind dann nur noch strömungsmechanische Details. Der Trick an dem Profil ist die scharfe Hinterkante. Die Luft würde gerne die Kante umströmen, aber durch die scharfe Hinterkante wird das verhindert. Dadurch kriegt sie den Impuls nach unten. Das Tragflügelprofil wird gekennzeichnet durch eine runde Vorderkante und eine scharfe Hinterkante.

Man kann also zusammenfassend sagen: Die Oberseite saugt die Strömung nach unten und die Unterseite drückt die Strömung nach unten. Dabei hat die Oberseite meist sogar einen größeren Anteil am Gesamtauftrieb.

Eine auftriebserzeugende Fläche bewirkt eine sogenannte Zirkulation, das heißt, die Oberseitenströmung erfährt eine Beschleunigung und die Unterseitenströmung eine Verzögerung. So entsteht auf der Oberseite ein Unterdruckgebiet, das den Flügel nach oben zieht und auf der Unterseite ein Überdruckgebiet, das den Flügel nach oben drückt.

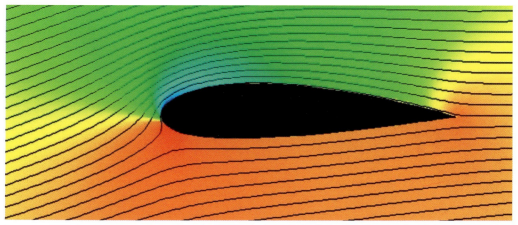

Dieser Flügel wurde um 10 Grad angestellt, der Wind kommt schräg von unten wie bei einem Kite, der an den Steuerleinen hängt, also angepowert ist. Ergebnis: Das blaue Feld zeigt Unterdruck an.

Einfach & unglaublich effizient

KITE-DESIGN

Mehr Power, mehr Depower, mehr Sicherheit

Eigentlich müsste es für alte Kites eine Abwrackprämie geben: Zwischen modernen SLE-Kites und alten C-Kites liegen Welten, weiß Aerodynamiker Andi Hanrieder.

● **MEHR DEPOWER** Grund: Die Leinen sind an der ganzen Vorderkante aufgehängt. Alte C-Kites haben nur die Tips bis zum Flattern depowert, und die Mittelsektion war davon wenig beeinflusst. Durch C-Kites mit fünfter Leine wurde dies bereits ein wenig verbessert. Bowkites zum Beispiel können durch ihre Aufhängung entlang der ganzen Vorderkante den Anstellwinkel über die ganze Spannweite gleichmäßig und weit reduzieren.

Depower macht auch Springen viel einfacher, man powert ihn beim Springen einfach an. Auch an Land ist die Depower wichtig, um am Strand nicht ungewollt geliftet zu werden.

● **MEHR LOWEND** Moderne Kites haben bei gleicher ausgelegter Fläche mehr projizierte Fläche als früher. Denn große senkrecht stehende Tips (Kite-Enden) ziehen nur zur Seite und tragen nicht zur Zugkraft bei. Die größere Fläche wird möglich, weil jetzt die meisten Kites über eine Waage oder eine tragende fünfte Leine auch in der Mitte abgestützt werden. Es ist dabei eine Design-Frage, wie man die Kappenkurve (Vorderansicht des Kites) und die Outline mit Pfeilung zueinander abstimmt. Ein Crossbow hat die Fläche recht harmonisch annähernd elliptisch über die Spannweite verteilt. Zusammen mit der gepfeilten Outline kann man so eine recht flache Kappenkurve wählen. Dies führt im Endeffekt zu einer erhöhten projizierten Fläche gegenüber einem alten C-Kite. Ein Bandit (Fotos rechts) geht prinzipiell den gleichen Weg über Pfeilung und aufgehängte Vorderkante, hat jedoch als Designmerkmal einen recht großen Flächenanteil in der Mittelsektion des Kites. Dies erhöht insgesamt auch die projizierte Fläche, auch wenn die Kappenkurve nicht so flach gewählt werden kann wie beim Crossbow.

Foilkites oder Softkites ohne Tubes (siehe auch Seite 28) weisen durch ihre Abstützung über eine Waage den allerhöchsten Anteil an projizierter Fläche auf.

● **GLEITZAHL** Wenn man über Lowend spricht, denkt man direkt an den Leichtwind-Einsatz. Hier wird zu der projizierten Fläche noch ein anderer Parameter besonders wichtig: Die Gleitzahl. Sie sagt aus, wie weit ein Kite an den Windfensterrand nach vorne fliegt, und man daher besser Höhe fahren kann. Bei Leichtwind ist Höhefahren grundsätzlich schwieriger als bei Starkwind (siehe auch Seite 14-15). Deshalb ist gerade für den Leichtwindbereich ein Kite mit hoher Gleitzahl sinnvoll. Dies sind meist Kites mit hoher Streckung (Aspect Ratio, Längen-Breitenverhältnis), und viel projizierter Fläche.

● **VERGRÖSSERTER WINDBEREICH** Verbesserte Depower und Lowend vergrößern den Einsatzbereich eines modernen Kites erheblich. Während man früher mit einem durchschnittlichen Zwölfer-Kite einen Windbereich von um 14 bis 20 Knoten abdecken konnte, funktioniert er heute von 12 (untere vier Windstärken) bis 26 Knoten (obere sechs).

Beispiel eines modernen Kites.
Hier: Slingshot RPM

● **EINFACHER RELAUNCH** Während man bei alten Kites zum Relaunch eine Schwimmeinlage hinlegen musste, lassen sich die meisten modernen Kite über das Ziehen der Backlines einfach wieder starten. Möglich ist dies bei neuen Kites aufgrund der eingebauten Pfeilung. Bei einem alten C-Kite passiert rein gar nichts, wenn er auf der Fronttube liegt und man die Backlines zieht. Die Mitte möchte immer noch vorwärts fliegen.

SLE-/Bowkites kann man über Zug an den Backlines negativ anstellen, da durch die Pfeilung die Backlines so weit nach hinten am Kite angebracht sind.

Vollgas-Stellung. Wenn die Steuer- oder Backlines unter Vollzug stehen, sprich: wenn der Pilot die Bar zum Haken zieht, dann kippt der Kite nach hinten und entwickelt theoretisch den maximalen Auftrieb. Alex hat allerdings den Trimmer/Adjuster (Eisenklemme oben) gezogen. Folge: Der Kite kann nicht so weit nach hinten kippen.

Vollbremsung: Wenn Alex die Bar wegschiebt, dann kippt der Kite nach vorne, weil er praktisch nur noch an den Depower- oder Frontleinen hängt. In dieser Depowerstellung würde der Kite aufs Wasser trudeln, eine gefährliche Situation wäre entschärft.

Dies kann man nutzen, um den Kite durch Zug an einer Backline umzudrehen.
- **DRUCKLOS AUSWEHENDE SAFETYFUNKTION** Wenn wir zwei Jahre zurückdenken, waren Bowkites ohne sauber auswehende Safety-Funktion an der Tagesordnung. Im Notfall blieb nur Quick Release ziehen und den Kite davon fliegen lassen. Moderne Kites haben zuverlässige Ausweh-Funktionen für den Notfall: Es gibt dabei folgende unterschiedliche Systeme:

- **fünfte Leine** (zum Beispiel beim North Vegas, beim North Rebel, Naish Torch, Flysurfer Psycho4). Wahrscheinlich immer noch die sicherste Lösung.
- **Front-Line Safety**: Ausweh an einer Frontleine (Slingshot REV, Ozone Instinct 2009, Flysurfer Speed2)
- **virtuelle fünfte Leine**: (F.one Bandit, Cabrinha Crossbow). Vorteil: die Fünfte kann sich nicht mehr um den Schirm wickeln.

KURSE & KANTE

Up & Down

Den Komfortkurs (Seite 14) kann ein Kiter leider nicht immer halten: Manchmal muss man Höhe knüppeln (Upwind, Am Wind), manchmal geht's mit dem Wind im Rücken steil bergab (Downwind, Raumschot-Kurs). Diese Schussfahrt gehört den Anfängern.

Ein Kurs, der uns Kitern nicht sonderlich gefällt, ist der Downwind – oder Raumschotkurs. Auf dem halten sich – nicht lange, dafür umso schneller – vorzugsweise die Einsteiger auf. Sie beherrschen das Spiel mit der Kante noch nicht und werden deshalb nach Lee verblasen.

Die Kante ist das Gas- und Bremspedal am Kiteboard: Je radikaler der Fahrer die Kante ins Wasser setzt, desto weiter fliegt der Kite nach vorne an den Windfensterrand und zieht mehr Höhe. Allerdings opfert der Fahrer damit natürlich Geschwindigkeit, denn das Board baut einen hohen Widerstand im Wasser auf. Deshalb zeigt die Linie den optimierten, also schnellsten Weg nach Luv an, der einen Kompromiss aus schlechterem Höhenwinkel und Geschwindigkeit-Plus im Vergleich zur roten Linie darstellt. Dieser rote Kurs ist nur dann zu empfehlen, wenn der Fahrer ein Hindernis umfahren muss.

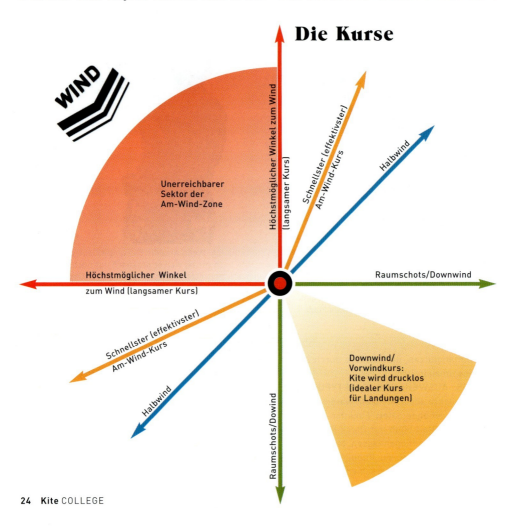

WISSBEGIERIG

Blindkiter ist kein Geisterfahrer

Ablandiger Wind Wind weht vom Land aufs Wasser. Nur kiten, wenn ein Rettungsboot immer einsatzbereit zur Verfügung steht. Diese Windrichtung kann gefährlich werden, da man vom Kite aufs Meer hinaus gezogen wird. Bei ablandigem Wind liegen aber meist keine Hindernisse in Lee. Zudem hat man fürs Kitetraining oft spiegelglattes Wasser.

Air Pass Handlepass in der Luft. Heute Pflicht für alle Profis.

Air Railey: Wakeboardsprung unhooked (ausgehängt), bei dem das Board in nach hinten überstreckter Körperhaltung (Hohlkreuz) über Kopfhöhe gebracht wird. Einer der schönsten Moves, lässt sich relativ leicht lernen.

Airtime So wird die Zeit in der Luft während eines Sprunges genannt.

Adjuster Auch Trimmer oder Voreinstellsystem genannt. Ist eine Konstruktion an der Trimmleine (Depowerline), von der die Frontlines (Mittelleinen) abgehen, die es dem Kiter erlaubt, den Depowerweg bzw. den Anstellwinkel des Kites zum Wind zu verändern.

Am-Wind-Kurs Kurssektor zwischen Halbwindkurs und einem Kurs bis ca. 45° an den Wind.

Auflandig Wind weht vom Wasser aufs Land. Diese Windrichtung kann gefährlich werden, da man schnell vom Kite übers Land gezogen werden kann. Besondere Vorsicht hierbei beim Starten und Landen. Beim Fahren großen Sicherheitsabstand zum Land lassen.

Ausgelegte Fläche Beschreibt die Quadratmeterzahl des Kites in ausgelegtem Zustand.

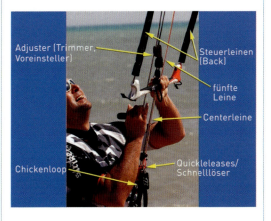

AR, Aspect Ratio Beschreibt das Verhältnis der Länge zur Höhe des Kites.

Backflip, -loop, -roll Sprung, bei der die Führungsschulter die Rückwärtsrotation Richtung Luv anzeigt, der Kopf nach unten geht und die Füße mit dem Board mindestens Kopfhöhe erreichen.

Bypass-Leash Leash zwischen rückwärtigem Trapez-Haltegriff und Chicken-Loop. Verhindert das Verlieren des Kites beim Üben von Handlepasses und Airpasses. Depowert den Kite nicht.

Backlines Steuerleinen. Werden an den beiden seitlichen Enden der Abströmkante befestigt. Das jeweilige andere Ende der Leine ist auf der gleichen Seite an der Bar montiert.

Backflip Rückwärtsrotation in Fahrtrichtung, bei der das Board unterhalb der Kopfhöhe bleibt.

Backstall Der Kite kippt nach hinten, die Luftströmung reißt ab und der Kite fällt aufs Wasser. Man kann einem drohenden Backstall durch Depowern entgegenwirken.

Bar Auch: Controlbar oder Lenkstange. Der Steuerknüppel des Kitepiloten.

Beaufort Skala Ein System, welches dazu dient, die Windstärke anhand optischer Eindrücke der Umgebung einzuschätzen (z.B. Wellen, Rauch, etc.). Die Skala reicht von 0 = Windstille bis 12 = Orkan (Seite 18)

Bidi Bi-Directional: symmetrisches Kiteboard, welches sich in beide Richtungen fahren lässt. Die Boardlängen sind zwischen 120 und 165 cm.

Bladder Innenschläuche. Die aufblasbaren Weichgummi-Innenschläuche, von denen nach außen hin nur das Ventil sichtbar ist, stecken in den Quertubes. Größte Feinde sind schlechte Nähte, spitze Steine oder nadelige Pflanzen an Land.

Blind Fahrposition mit dem Rücken zum Kite. Aus der ‚normalen' Fahrposition kommt man in die Blind Position durch eine 180° Boarddrehung um die vertikale Boardachse über die Luvseite.

Boardleash Sicherungsleine gegen das Verlieren des Boards. Benutzen der Boardleash birgt Unfallgefahren, man sollte deshalb Helm tragen.

Board off Sprung, bei dem beide Füße aus den Schlaufen gezogen werden und das Board solange an der Handle oder an der Rail gehalten wird.

Body Drag Man lässt sich auf dem Bauch liegend hinter dem Kite über das Wasser ziehen. Dabei sind verschiedene Kurse möglich. Könner schaffen es sogar, sich schräg gegen den Wind ziehen zu lassen.

Bow-Kite Ein neues Konzept, das durch drei Merkmale charakterisiert ist: 1. Die Kappenkurve ist flach. 2. Die Fronttube geht nach hinten in eine Pfeilung über. 3. Die Leinen gehen nicht punktuell an die Fronttube, sondern sind an ein Waagesystem angeknüpft, das wie ein Spinnennetz über die Fronttube verteilt ist. Sinn: Die Depowerrange wird extrem erweitert, die effektive Fläche wird vergrößert (besseres Lowend). Nachteil: sehr viel höhere Haltekräfte.

Kite 25

WISSBEGIERIG

Bridles Die Leinen, die direkt am Kite hängen. An ihnen werden die Flugleinen befestigt.

Carven Kurven fahren mit (extremer) Kantenbelastung, so dass das Wasser mächtig spritzt.

Chicken Loop Die Schlaufe am Ende der Depowerline. Sie wird am Trapezhaken eingehängt und kann bei Bedarf mit einem Plastikstift (Chickendick) fixiert werden.

C-Kite Kite in konventioneller liegender C-Form mit vier oder fünf Leinen ohne Waageleinen und Pfeilung.

Delta-Kites Die Delta-Kites haben eine stark nach hinten gepfeilte Fronttube und viel Fläche im Centerbereich. Die gepfeilte Outline ermöglicht einen fast automatischen Relaunch (Wasserstart des Kites), die Center-Fläche stellt viel Power zur Verfügung.

Directional Kiteboard mit Bug, Heck und großen Finnen. Es ähnelt einem Wellenreitboard bzw. einem Windsurfboard. Es gibt sie in Längen zwischen 150-230 cm. Die ersten Kiteboards waren Directionals. Diese Brettform ist dank der neuen Wave- und Raceboards wieder stark im Kommen.

Depower Lines Die beiden mittleren Flugleinen (auch: Frontlines), die in einer Leine zusammenlaufen, an deren Ende sich der Chickenloop befindet.

Depowern Den Anstellwinkel des Kites zum Wind flacher machen, indem die Bar vom Körper weggedrückt. Das Depower-Potenzial ist inzwischen eines der wichtigsten Kriterien an einem Kite. Sie entsheidet über den Einsatzbereich und über die Sicherheit beim Kiten.

Downwind Wind abgewandt – die Richtung, in die der Wind weht; mit dem Wind, nach Lee fahren

Edge Das Board auf der Kante fahren.

Frontlines Mittelleinen, die beim Kite an der Fronttube be-

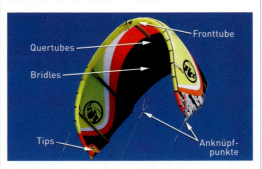

festigt werden und am anderen Ende in der Depowerleine zusammen laufen.

Frontflip, -loop, -roll Sprung, bei der die Führungsschulter die Vorwärtsrotation Richtung Lee anzeigt, der Kopf nach unten geht und die Füße mit dem Board mindestens Kopfhöhe erreichen.

Frontflip Vorwärtsrotation in Fahrtrichtung, bei der das Board unterhalb der Kopfhöhe bleibt.

Frontstall Strömungsabriss: Kite überfliegt den Piloten bzw. fliegt aus dem Windfenster heraus. Die Luftströmung reißt ab und der Kite stürzt ab. Kommt bei kleinen Kites mit sehr flachen Profilen häufiger vor als bei großen Kites.

Fronttube Vordere Anströmkante des Kites. Der Schlauch, der dem Tubekite sein Profil gibt.

Fünfte Leine Geht an die Mitte der Fronttube. Verursacht bessere Leistung und extreme Depowermöglichkeiten (Bild: mit Fünfter ist ein Kite in fast jeder Lage zu beherrschen).

Grab Griff zum Board während eines Sprunges.

Halbwindkurs Kurs, der genau quer zur Windrichtung verläuft.

Halse Richtungswechsel, bei dem der Bug mit dem Wind dreht.

Handle Haltegriff in der Mitte des Boards. Nicht nur gut für Tricks, sondern auch für den Transport.

Handlepass Die Controlbar hinter dem Rücken von einer in die andere Hand übergeben bei gleichzeitiger Körper- und Boarddrehung.

Hangtime Die Zeit in der Luft im Sprung.

Hybrikkite Mischung aus konventionellem C-Kite und einem Bow- oder Deltakite; Hybridkites zeichnen sich durch eine etwas rundere Kappenkurve und reduzierte Bridles aus. Unter Fachleuten gelten Hybrids auch als Supported Leading Edge-(SLE-)Kites.

Höhelaufen Hart am Wind (bis zu einem Winkel von ca. 45°) fahren, um zu einem Ziel in Luv zu gelangen.

Indy Die hintere Hand greift die Zehen-Kante des Boards zwischen den Füßen.

KGB Backroll kombiniert mit einem Backside 360° Handlepass.

Knoten Engl.: Knots. Beim Kiten eine Maßeinheit für die Windgeschwindigkeit. 1 Knoten = 1,85 km/h.

Launch(ing) Start des Kites mit Helfer. Self-Launching = Selbststart – Eine Technik zum Starten des Kites ohne fremde Hilfe.

Leinensalat Nach Auslösung. Experten entwirren etwa 20 Minuten, wer Leinen rauszieht, braucht 1 Stunde. Mit 5. Leine gibt's seltener Leinensalat

Lee Von einem festen Bezugspunkt aus gesehen die Seite, die vom Wind weg zeigt. Die windabgewandte Seite vom Kitepiloten aus betrachtet.

Leash Siehe Boardleash und Safetyleash.

Loaded Durch extremes Ankanten des Boards stark aufgebaute Spannung in den Leinen. Die Wakestyler springen loaded ab, also ohne Unterstützung des Kites.

Luv Von einem festen Bezugspunkt aus gesehen die Seite, die zum Wind hin zeigt. Die windzugewandte Seite vom Kitepiloten aus betrachtet.

Mobe Backroll kombiniert mit einem Frontside 360° Handlepass.

Move Manöver

No Foot Auch: Board-off-Sprung, bei dem das Board kurzzeitig komplett von den Füßen genommen wird.

Nose Als Nose wird immer das in Fahrtrichtung nach vorne zeigende Ende eines Twintip-Boards bezeichnet oder der Bug eines Directional-Boards.

Off-Shore Wind weht vom Land aufs Wasser. Diese Windrichtung kann gefährlich werden, da man vom Kite immer aufs Meer hinaus gezogen wird. Windrichtung zum Kite möglichst meiden.

One Foot Sprung, bei dem kurzzeitig ein Fuß aus der

WISSBEGIERIG

Schlaufe genommen wird. Das Board wird solange an der Rail gehalten.

On-Shore Wind weht vom Wasser aufs Land. Diese Windrichtung kann gefährlich werden, da man schnell vom Kite übers Land gezogen werden kann. Besondere Vorsicht hierbei beim Starten und Landen. Beim Fahren großen Sicherheitsabstand zum Land lassen.

Overpower Überpowert. Eine Situation, in der ein Kitepilot mit einem Kite unterwegs ist, der für sein Können, sein Gewicht, seine Kraft und die gerade herrschenden Bedingungen zu groß ist.

Pfeilung Fronttube-Enden pfeilen nach hinten.

Powerzone Diese Zone befindet sich etwas tiefer im Windfenster und stellt den Flugbereich des Kites dar, in dem er den stärksten Zug entwickelt.

Projizierte Fläche Die Fläche des Kites, die effektiv Auftrieb produziert. Bei Tubekites ist diese kleiner als die ausgelegte Fläche.

Quertube Querschläuche eines Tubekites, die das Profil stabilisieren.

Quick Release Notauslöser, um feste Verbindungen zum Kite in Notsituation schnell zu lösen.

Rail Die Kante des Boards.

Relaunch Technik, um den Kite wieder alleine aus dem Wasser starten zu können.

S-Bend Air Raley kombiniert mit einer Vorwärtsrotation.

Safety-Leash Sicherheitsleine zwischen Kite und Pilot, damit der Kite in Gefahrensituationen losgelassen werden kann, aber trotzdem keinen gefährdet.

Shape Geometrie eines Boards, Stärke der Taillierung.

Sideonshore Wind, der schräg auflandig weht. Beim Starten und Landen in Ufernähe ist Vorsicht geboten.

Sideoffshore Wind, der schräg ablandig weht. Auch hier ist wie bei ablandigem Wind Vorsicht geboten, da der Kite immer aufs Meer hinaus zieht.

Sideshore Wind, der parallel zum Ufer weht. Idealer Wind zum Kiten.

Sinus-Bögen Bei wenig Wind muss man den Kite kontinuierlich rauf und runter fliegen. Bei der Vorwärtsbewegung zeichnen sich dann Sinus-Wellen in den Himmel.

Slim-Chance Frontloop inverted mit 360° Handlepass.

Softkite Zellschirm. Auch Matte genannt. Profil ergibt sich durch Staudruck innerhalb der einzelnen Zellen.

Softzone Flugbereich des Kites, in dem er mäßigen Zug entwickelt.

Stall Ein Strömungsabriss, der Kite kippt und fällt vom Himmel.

Struts Luftkammertaschen. In diesen röhrenförmigen Taschen stecken die aufblasbaren Schläuche (Bladder), die dem Kite sein Profil geben.

Surface Pass Handlepass bei Gleitfahrt auf dem Wasser mit Boarddrehung um die vertikale Achse aus ‚normaler' Fahrposition (360°) oder aus Switch (180°).

Switch Stance Verkehrt herum fahren; dabei zeigen die Zehen zurLuvseite. Aus der ‚normalen' Fahrposition kommt man in die Switch-Stance Position durch 180° Boarddrehung um die vertikale Boardachse über die Leeseite.

Tail Als Tail wird immer das in Fahrtrichtung nach hinten zeigende Ende eines Twintip-Boards bezeichnet oder das Heck eines Directional-Boards.

Total Depower Werbebegriff für die neuesten Schirme,

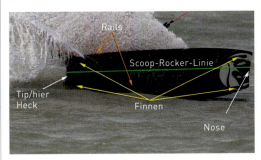

besonders die Bowkites: Bei Loslassen der Bar stürzt der Schirm drucklos vom Himmel . Tatsächlich stürzen aber nach Messungen des KITE Magazins auch sogenannte Hybridkites, also Mischformen aus C- und Bowkites, in der gleichen Zeit drucklos vom Himmel, wenn man die Bar loslässt.

Transition Jump Alle Sprünge, die einen Richtungswechsel beinhalten.

Transition Richtungswechsel.

Trapez Über eine Hakenkonstruktion wird der Kite mit dem Trapez verbunden, so dass man den Kite nicht mit den Armen halten muss, sondern sein Körpergewicht dazu einsetzt.

Tubekite Schlauchschirm. Ein Kite mit einem Gerüst aus luftgefüllten Schläuchen. Er schwimmt auf dem Wasser und ist leicht aus dem Wasser zu starten.

Twintip Symmetrisches Board. Man kann es in beide Richtungen fahren. Die Längen dieser Boards liegen zwischen 90-180 cm.

Unhooked Der Kiter ist mit dem Loop nicht im Trapez eingehakt. Er hält den Kite nur mit der Kraft seiner Arme.

Underpower Unterpowert. Eine Situation, in der ein Kitepilot mit einem Kite fährt, der für sein Können, sein Gewicht, seine Kraft und die gerade herrschenden Bedingungen zu klein ist und zu wenig Power bestizt.

Upwind Windzugewandt - die Richtung aus der der Wind weht. Gegen den Wind.

Walk of Shame Höhelaufen am Strand, weil das Höhelaufen auf dem Wasser noch nicht funk tioniert (siehe Bild).

Wasserstart Mit gezieltem Abstürzen des Kites aus dem Wasser starten.

Windfenster Flugbereich des Kites.

Windfensterrand Flugbereich des Kites, in dem er den geringsten Zug entwickelt und sich am besten kontrollieren lässt.

Windrange Der Windbereich, in dem ein Kite geflogen werden kann.

Zenit Höchster (neutraler) Punkt am Windfensterrand auf 12-Uhr-Position.

KITE-KATEGORIEN

DELTA

SYSTEM: Delta ist eigentlich ein Markenname (von F-One patentgeschützt) und heißt: Die Fronttube ist nach hinten geschwungen (15 Grad beim F-One). Deltas haben viele positive Eigenschaften von den Bows (weil sie auch so ähnlich funktionieren), aber meist weniger Haltekräfte. Die Fronttube wird durch eine kleine Waage unterstützt (Supported Leading Edge SLE).
GEEIGNET FÜR: Einsteiger bis Experten
VORTEILE: Hohe Leistung pro Fläche, extrem guter Relaunch, sehr gute Depower und großer Windbereich, gute Sicherheit, wenig Halte- und Lenkkräfte.
NACHTEILE: zu vernachlässigen
NAMHAFTE KITES: F-One Bandit/Revolt, North Evo, Core GT, RRD Addiction, Spleene Q, Nobile N62, Cabrinha Nomad

Fünf Kite-Typen für

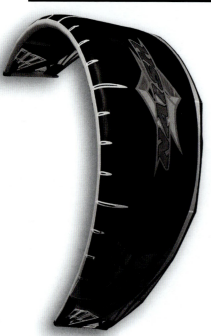

C-KITE

SYSTEM: Die Mutter aller Kite-Systeme. Der Name kommt durch die C-, eigentlich U-Form. Weil die vier Leinen nur an den rechteckigen Enden angebracht sind, war die Depower extrem bescheiden. Inzwischen hat sich die Depowerleistung aber stark verbessert.
GEEIGNET FÜR: Aufsteiger bis Experten (Wakestyle, Freestyle)
VORTEILE: Sehr direktes Steuerfeeling und gute Rückmeldung, meist geringe Lenk- und Haltekräfte, sehr hohes Prestige
NACHTEILE: Schlechtere Depower, weniger Leistung pro Quadratmeter, schlechterer Relaunch
NAMHAFTE KITES: North Vegas, Slingshot Fuel, Naish Torch

HYBRID

SYSTEM: Die Hybrids waren ursprünglich Mischungen aus C- und Bowkites. Sie haben meist auch ein (reduziertes) Waagesystem, das die Fronttube unterstützt. Über die Outline sagt der Name nichts. Inzwischen nähern sich manche Hybrids den Deltas an.
GEEIGNET FÜR: Einsteiger bis Experten
VORTEILE: Sehr moderate Lenk- und Haltekräfte, sehr drehfreudig, gute Depower, sehr gute Sicherheit bei 5. Leine, oft extrem gute Hangtime.
NACHTEILE: Manchmal nicht die extreme Power eines Bows, Relaunch ist durchschnittlich.
NAMHAFTE KITES: North Rebel, Slingshot RPM, Sigma-Design von Naish, Blade Vertigo

BOW

SYSTEM: Cabrinha hat mit Einführung der Bows den Kitemarkt revolutioniert. Diese hocheffektiven Maschinen konnten fast alles besser. Moderne Bows haben nur noch eine kleine Waage an der Fronttube und eine etwas rundere Kappenkurve. Die Sicherheit ist jetzt auf gutem Niveau.
GEEIGNET FÜR: Einsteiger bis Könner, manche auch für Experten
VORTEILE: Höchste Leistung pro Fläche, extreme Depower und extrem großer Einsatzbereich, meist extrem guter Relaunch, sehr gute bis extrem gute Hangtime.
NACHTEILE: Bei manchen Kites höhere Halte- und Lenkkräfte
NAMHAFTE KITES: Cabrinha Crossbow, Cabrinha Switchblade, Slingshot Rev, Blade Trigger

zehn Kiter-Typen

SOFTKITE

SYSTEM: Softkites haben keine Tubes als Gerüst, sondern Luftkammern wie ein Gleitschirm. Die befüllen sich selbsttätig. Der höchstentwickelte Softkite, der Flysurfer, hat sich der Tubekite-Form angenähert, besitzt aber immer noch durch die hohe Streckung große Power.
GEEIGNET FÜR: Aufsteiger bis Experten
VORTEILE: Viel Power pro Fläche, extreme Leichtwind-Performance, kein Pumpen, kein Starthelfer, kein Tube-Platzen, gute Haltbarkeit. Solide Depower, extrem geringe Lenk- und Haltekräfte, beste Wahl für Freerider in Leichtwindrevieren.
NACHTEILE: Bei turbulenten Winden strömungsempfindlicher; höherer Preis
NAMHAFTE KITES: Flysurfer Speed (Schwachwindkönig), Flysurfer Psycho (Freestyle)

Die Geschichte der Kite-Entwicklung

Am Anfang stand eine Marke namens Wipika. Dann hat Naish das Kitesurfen nahezu beherrscht mit seinen Arc-Kites. Bald machte Cabrinha Naish den Himmel streitig. Schließlich kamen die Europäer mit North Gaastra und F-One. Und überall sah man nur C-Kites. Dann überraschte Cabrinha mit den Bows, und Kiten wurde sicher. Schließlich führte F-One die Branche in die Delta-Ära.

WISSEN
DAS IDEALE BOARD

Boardbreite = Körpergewicht geteilt durch 10 + 32

Endlich bringt uns Durchschnittskitern auch der Worldcup einen fetten Vorteil: Die Boards werden auf breiter Front länger und breiter. North-Teamrider Jaime Herraiz ist von einer „Katzenzunge", die knapp über 120 lang war, umgestiegen auf einen Jaime XL mit 132 Zentimeter Länge und 42 Zentimeter Breite. Schöne neue Welt – die Zeit der Balancierbalken ist vorbei. „Im Contestbereich", so North-Chef Till Eberle, „fahren die Rider inzwischen Boards bis zu 140 Zentimeter Länge."

Auslöser dieser Entwicklung sind die Schirme. Weil moderne Kites inzwischen einen Riesenwindbereich abdecken, fahren die Pros kleinere Schirme - Jaime ist gerne mit einem Neuner unterwegs: Für Unhooked-Tricks sind zu große Kites die Hölle. Kleinere Schirme aber erfordern größere Boards, die
- mehr Höhe ziehen
- bei weniger Wind schon Höhe laufen
- früher ins Gleiten kommen

Über die Funktion eines Boards entscheiden vor allem die Größe der Gleitfläche – und der Abstand der Füße zueinander. Der sogenannte Stance ist für – größere Fahrer bei 46 Zentimetern angenommen: Fast ein halber Meter trennt die Fußschlaufen (gemessen an den Innenplugs der Schlaufen), kleinere Kiter haben eine 38-Zentimeter-Standbreite. North-Chef Eberle: „Damit wird die Boardkontrolle deutlich besser."

Auch die Breite, inzwischen ein sehr wichtiges Maß im Worldcup und im Amateurbereich, wächst und wächst - entgegen dem allgemeinen Schlankheitswahn. Wie breit das Board denn sein darf oder muss, hat das KITE Magazin zusammen mit der North-Entwicklungsabteilung in einer Formel niedergelegt. Die sinnvolle Boardbreite errechnet sich, indem man das Körpergewicht durch zehn teilt und die Zahl 32 addiert. Welche Resultate diese Formel produziert, ist auf dieser Seite in Rosa zu besichtigen.

WAVE	RACE	LEICHTWIND	
Waveboard (North)	Raceboard (North)	Door (Spleene)	Flydoor (Flysurfer)

Wer sagt denn, dass man eine Model-Figur zum Kiten braucht? Jumbos fahren jetzt Directionals

Till Eberle rät allerdings reinen New-School-Kitern mit sehr kleinen Schirmen, immer noch einen Zentimeter Breite zuzugeben. Ein 70-Kilo-Mann sollte also ein 39er-Brett fahren. Und Kiter, die in ganz rauhen Bedingung oder immer mit großen Kites unterwegs sind, dürfen einen Zentimeter abziehen.

MITTELWIND STARKWIND

Frühgleiter (RRD)	Komfort-Cruiser (F-One)	Komfort-Cruiser Deluxe	Sportgerät Shinn (Nobile)	Der Klassiker Jaime (North)

Kite 33

TRAININGSPLAN

Die Könnensstufen

Könnensstufen bringen keine Schulterklappen auf dem Neo, höchstens ein Schulterklopfen. Aber sie bieten einen vernünftigen Karriere-Plan, den das KITE Magazin mit Kitelehrern erarbeitet hat.

1
- Schirmsteuerung
- Starten/Landen
- Relaunch
- Wasserstart
- Erste Schläge fahren

2
- Gleiten
- Textilwende
- Kantendruck kontrollieren
- Höhelaufen
- Straßenbahnwende

3
- Switch fahren
- kleiner Sprung mit Anpowern
- Halse aus Switchposition
- Geschnittene Kurven (Carven)
- Wasserstart mit Kiteloop

4
- Springen mit Schirmunterstützung
- Halse in die Switchposition
- Backloop/Frontloop
- Transitionsprünge
- Sprünge mit Grabs
- Halse mit Kiteloop

5
- Blind fahren
- Sprünge aus Switch / Landung in Switch
- Unhooked-Sprünge (loaded)
- Raley
- Unhooked Backroll/S-Bend
- Handlepass Surface (auf dem Wasser)
- Kiteloops mit Sprungvarianten

6
- Hohe Sprünge mit Kiteloop
- S-Mobe
- Vulcon
- Blind Judge
- Slim Chance
- Mobe
- KGB
- Tantrum

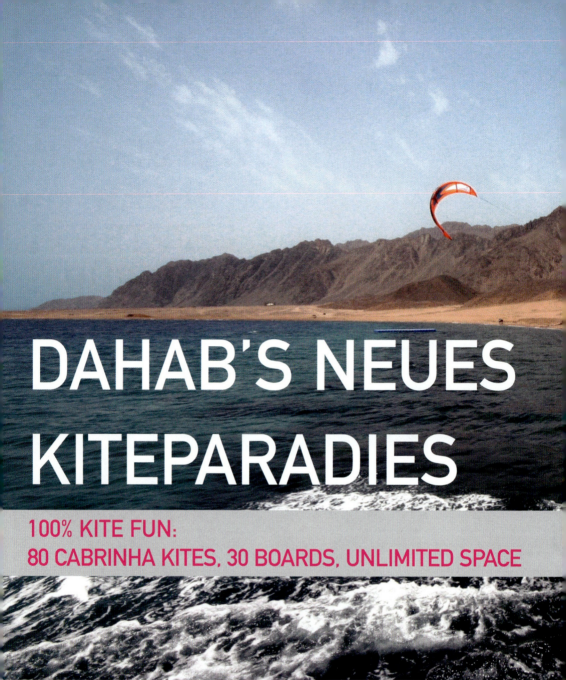

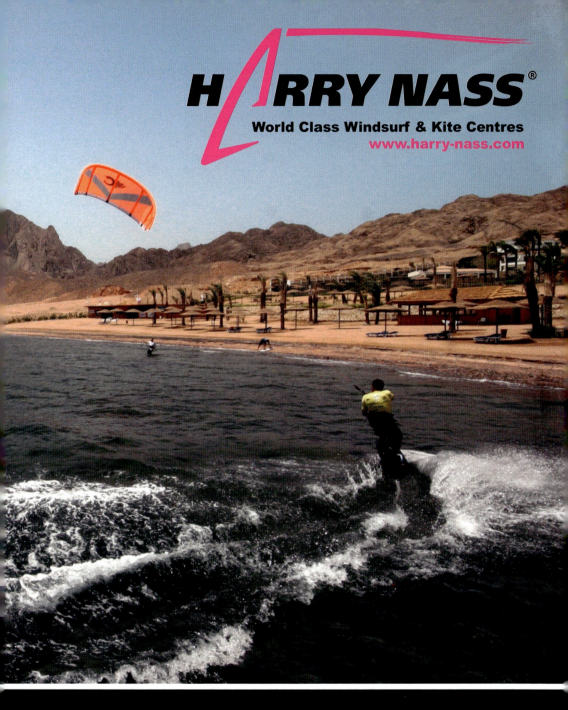

Springen
Die dritte Dimension

Für viele Kiter ist Springen der eigentliche Grund, aufs Brett zu steigen. In keinem anderen Sport ist es so leicht und so ungefährlich, den Luftraum zu erobern. Die modernen Kites stellen dazu soviel Power zur Verfügung, dass Kiten fast schon Fliegen wird.

Im Absprung liegt die Flugroute

Der Absprung ist sozusagen das Genom des Sprungs. In ihm sind die Höhe und Weite des Fluges angelegt. Wer die Kante nicht richtig einsetzen kann, wird nur Flug-Gurken ernten. In der Kite-Schulung wird aber ein Phänomen selten angesprochen: Wenn die Leinen extrem gespannt sind, wirft sich der Profi-Hochspringer in die Zugrichtung der Leinen. Nur so gelingen Jumps über fünf Meter Höhe.

Jahrelang hat man uns erzählt, dass man das arme Heck beim Absprung treten muss wie einen Esel. Dabei stimmt eher das Bild mit der Feder: Die zusammengepresste Feder auf dem extremen Amwind-Kurs, dann das Öffnen der Feder.

Der Eselstritt ist ein absolut wichtiges Bewegungselement, aber eben nur eines. So, wie er bisher ausschließlich betrachtet wurde, diente er allein dazu, kurz vor dem Verlassen des Wassers nochmals zusätzliche Kraft in das System aus Kantenwiderstand und Kitezug zu laden, also die Feder aufzuladen, damit es dann richtig nach oben geht. Aber so simpel ist die Sache eben nicht. Es geht auch ganz entscheidend darum, wie ich die Kraft aus der aufgeladenen Feder nun in einen hohen Sprung umwandle. Hier kratzen wir an einem Geheimnis. Das Geheimnis wird nun hier gelüftet.

Wie muss man sich das mit der Freisetzung der Kraft vorstellen? Welche analogen Bewegungen gibt es? Man stelle sich einen Motorradfahrer vor, der auf einer Landstraße eine lang gezogene Linkskurve mit hoher Geschwindigkeit und starker Kurveninnenlage durchfährt. Dieser Motorradfahrer schlägt nun abrupt und stark den Lenker nach links ein. Was passiert? Die Antwort ist nicht so schwer: Das Motorrad richtet sich auf, und der Fahrer wird über sein Motorrad hinweg aus der Kurve katapultiert.

Die modernen Hochspringer laufen auch auf einer Kreisbahn an, und die letzten Schritte sind so gesetzt, dass sich der Springer aus der Kurveninnenlage aufrichtet und dann Richtung Hochsprungmatte aus der Kurve getrieben wird.

Wo finden wir diese Parallele denn genau innerhalb eines guten Sprunges?

Im Endeffekt spielt sich das alles in der kurzen Zeit des Eselstritts ab. Diese ruckartige Bewegung unter extremer Leinenspannung ist der Moment, in dem ich das Wasser verlasse und durch das letzte Ankanten das Brett unter den Füßen wegfahre. Das heißt, ich werfe mich absichtlich in die Zugrichtung der Leinen – sozusagen aus der Bahn. Genau wie es dem Mottoradfahrer im Beispiel passiert. Denn direkt im

KÖNNENSSTUFE 4   Das musst Du vorher lernen

Höhe laufen; perfekte Kantenkontrolle

Schirmsteuerung funktioniert ohne Blickkontakt

Anpowern des Schirms ohne Verlust der Kantenbelastung

Anschluss des Eselstritts, wenn der Kite den Fahrer nun in die Höhe beschleunigt, zeigt sich der Vorteil dieses fahrtechnischen Tricks. Der Kiter mit dieser ausgefeilten Fahrtechnik hat sich im Moment der einsetzenden Beschleunigung „leicht" gemacht und wird nun natürlich viel dynamischer in die Höhe gerissen als der Sprungaspirant, der seinen Körperschwerpunkt weit hinter der Brettkante gelassen hat – den ereilt das „Nasse-Sack-Syndrom".

Was ist am Bewegungsablauf schwierig?
Es wird dann schwieriger, Bewegungsabläufe zu erlernen, wenn der Lerndruck hoch ist. Hier ist das vor allem der Komplexitätsdruck, gepaart mit dem Zeitdruck: In dem Moment des Absprungs müssen in sehr kurzer Zeit sehr viele Bewegungsteile miteinander kombiniert werden. Da man aber zu Beginn eines jeden Bewegungstrainings die Steuerung der neuen Bewegung sehr bewusst durchführt, also bei der Durchführung mitdenkt, kommt es wegen der Komplexität des Absprunges zu Problemen, denn man kann sich nicht auf mehrere Dinge gleichzeitig konzentrieren.

Wie trainiert man den Bewegungsablauf auf dem Wasser?
Da wir ja schon wissen, dass wir in der Sprungeinleitung ein bisschen viel zu tun haben, versuchen wir mal ein paar Bewegungselemente zu eliminieren. Auf Sprünge mit Kiteunterstützung kann man zu Beginn getrost verzichten. Es ist also sehr sinnvoll, den Absprung einzeln zu erlernen. Diese Art des Trai-

FREE RIDER
SPRINGEN

nings hat zudem den Vorteil einer hohen Wiederholungszahl, denn ich kann auf einer Fahrstrecke von nur 200 Metern gleich mehrere Versuche unternehmen. „Übung macht den Meister" kommt nun nicht direkt aus der Sportwissenschaft, aber es steckt eben doch viel Wahrheit darin.

Welche Fehler verursachen welche Flug-Gurken? Flug-Gurke gefällt mir. Mal vorsichtig getippt würde ich sagen, dass bei 90 Prozent des Fluggemüses der Grund im Absprung zu finden ist. Hier liegt die Problematik in der Kantenkontrolle und Kantenführung in der Sprungvorbereitung oder/und direkt im Absprung. Kiter, die während des Rückfluges des Kites die Kantenkontrolle verlieren, fliegen immer sehr stark nach Lee. Wenn sie dann nicht eine sehr ausgefeilte Kitekontrolle besitzen, unterfliegen sie auch noch den Kite und schlagen ein wie eine Bombe. Alle Kiter, die bei einem Sprung mit Kiteunterstützung den Kite nicht schnell genug nach vorne geflogen bekommen oder zu pendeln anfangen, müssen immer an ihrem Absprung arbeiten.

Der alte Streit geht wieder los: Breite Boards sind einfach schwerer auf den Killerkurs am Wind zu bringen. Stimmt es, dass etwas schmalere Boards besser auf Messers Schneide für die letzte Ultra-Spannung zu bringen sind?

Über Bretter wird ganz entschieden zu viel geredet. Hier ist ganz viel Geschmackssache. Nervig sind nur die Kiter, die glauben, je kürzer das Brett ist, desto besser sind sie. Glücklicherweise befinden wir uns nun langsam im Prozess des Umdenkens. Mein Lieblingsbrett ist ein 140er, und selbst bei 30 Knoten fahre ich nicht kleiner als 135. Nicht die Kürze und die Breite sind so entscheidend, sondern wie dynamisch ein Brett auf unterschiedliche Fahrzustände reagiert. Ich rate also zu Brettern, die nicht knochenhart sind, denn diese sind in Grenzbereichen schwer zu kontrollieren.

In den Pionierzeiten musste man den Schirm für den entscheidenden Lift weit nach hinten fliegen. Bei den modernen, auftriebsstarken Schirmen reicht oft schon ein kurzer Ausflug knapp hinter den Zenit. Hängt die Flughöhe davon ab, wie weit der Schirm zurückgeflogen wird?

Dass man mit den modernen Kites auch hoch springen kann, wenn man diese nicht perfekt steuert, hat erst mal nichts damit zu tun, dass sie leistungsstärker sind. Die Depower kann nur eben auch zweckent-

1 Thomas hat den Kite gegen die Fahrtrichtung gelenkt. Die Impulskante wird gesetzt.

2 Nun wird der Eselstritt über den hinteren Fuß aufgelöst, dadurch lässt sich Thomas Richtung Leinenzug aus der Kurve werfen.

3 Der Aufstieg beginnt, und der Kite wird sofort in den Zenit gelenkt, die Bar zieht Thomas energisch nach unten, um den Schirm anzupowern und den Auftrieb dramatisch zu erhöhen.

4/5 Thomas befindet sich in der Lot-Position direkt unter dem Kite an der höchsten Position.

6 Der Abstieg beginnt. Der Kite wird ganz leicht in die neue Windfensterhälfte geflogen.

7 Kurz vor der Landung wird der Kite nun entschlossen eingelenkt, damit der Kite bei der Landung nicht unterfahren werden kann

8 Die Landung auf dem Raumwindkurs ermöglicht die direkte Geschwindigkeitszunahme, damit Thomas ohne Sinuskurven weiterfahren kann.

fremdet werden. So kann ich komplett depowert den Sprung einleiten; wenn ich abheben will, ziehe ich die Bar runter. Nur: das hat natürlich nicht viel mit echter Sprungkontrolle zu tun.

Diese Piloten werden mit dieser Sprungtechnik auch nie in die Höhen über fünf Meter gelangen. Diese Luftschichten sind allein den Experten vorbehalten, die eine gute Kantenkontrolle besitzen. Hier ist dann natürlich auch ein perfektes Timing zwischen maximaler Leinenspannung im Moment des Eselstritts und der optimalen Schirmposition gefragt.

Bei Kunststückchen wie Board offs ist Höhe wichtigste Voraussetzung?
Wer keinen sehr sauberen Sprung in die oberste Etage springen kann, der darf Board-Off-Sprünge vergessen. Im engeren Sinne ist ein Board-Off-Sprung (so auch ein One Foot Sprung) nur ein normaler Sprung mit einer parallelen weiteren Bewegung.
Bei allen Board Off Sprüngen mit Rotation muss die Flughöhe gut kontrolliert werden können, da davon die Rotation entscheidend abhängt. Sehr hohe Sprünge können daher bei dem gleichen Rotationsimpuls zu einer doppelten Rotation führen.

SPRUNG OHNE KITE-UNTERSTÜTZUNG

Chicken Jump:
Power bringt den Lift

Früher hieß der kleine Hopser Chop Hop – Sprung über einen kleinen Wellenbuckel. Dieser Name ist falsch, denn für den ersten Sprungversuch eines Kite-Einsteigers braucht man keine Welle, sondern nur die Power des Kites: Bar runter, Board rauf.

Der kleine Hopser ist die Einstiegsdroge ins Springen. Durch was unterscheidet sich der Minisprung vom richtigen Flug?
Grundvoraussetzung ist ein gut angepowerter Kite, da wir diesem viel Arbeit überlassen. Wir verzichten also auf die Kiteunterstützung und lassen auch den Motorradfahrertrick weg. Hier die fahrtechnische Beschreibung: Mit einer mittleren Geschwindigkeit und sehr hoch geflogenem Kite (11.30 Uhr, nah am Zenit) wird der kleine Sprung eingeleitet. Während der normalen Fahrt sollten die Arme eher gestreckt sein, also nicht zu stark angewinkelt. So haben wir eine Power-Reserve, die wir für eine höhere Flugkurve benutzen. Kurz vor dem Absprung kantet man über beide Beine stärker an, um auf einen stärkeren Amwindkurs zu kommen. Erleichtert wird das dadurch, dass die Bar etwas vom Körper weggeschoben wird – wir depowern also. Es folgt der Absprung, eingeleitet durch das Herunterziehen der Bar. Ein Eselstritt und die zugehörige komplexe Gewichtsverlagerung werden hier absichtlich ausgespart. Da der Sprungimpuls zu einem sehr großen Anteil vom Kite erzeugt wird, gilt: Je weiter ich die Bar runterziehe, desto mehr Druck wird erzeugt, und der Sprung wird dadurch höher. Während des Fluges bewirkt die durchgängig kompakte Körperhaltung eine sehr hohe Flugstabilität. Im Moment des Aufkommens den Kite sofort mit gestreckten Armen wieder depowern, sonst folgt ein Kontrollverlust durch zu hohe Geschwindigkeit.

Wie hilfreich sind kleine Rampen, um die ersten Hüpfer zu trainieren?
Ich habe nie verstanden, was die kleinen Rampen bewirken sollen. Wir sind ja nicht beim BMX oder Skateboardfahren. Der Kiter springt nicht wegen einer Welle, sondern dank des Kites. Je glatter das Wasser, desto einfacher ist das Springen. So einfach ist das. Muss man den ganzen Sprung auch noch mit einer Welle zeitlich synchronisieren (timen), dann erschwert das ganz wesentlich das Springen und auch das Springenlernen. Wenn der Profi natürlich eine Drei-Meter-Schanze vor sich hat und alles perfekt abpasst, dann geht's auch noch mal ein paar Meter höher. Der Kiter hat dann aber auch seinen

normalen Sprung soweit automatisiert, dass er sich um das Anfahren an die Welle kümmern kann.

Ist dieser Chickenjump ja schon die Einübung des Pops für die Unhooked-Tricks?
Das ist leider nicht der Fall. Da in dieser Sprungübung fast ausschließlich mit dem Grundzug des Kites gesprungen wird und die Depower des Kites „missbraucht" wird, hilft uns das bei einem Wakestyle-Sprung überhaupt nicht. Von hier aus kann man allerdings starten und seine Fähigkeiten weiter ausbauen. So kommt man dem Loaded-Wakestyle Sprung immer näher.

1 Zum Auftakt des Chickenjumps ein wenig und nur kurz abfallen. Damit bekommt man den Schwerpunkt besser hinter das Brett. Außerdem kann der Kiter so knackiger anluven.

2 Nach der Einleitung des Chickenjumps nach und nach eine stärker werdende Impulskante (Eselstritt) kurz vor dem Abheben vom Wasser setzen.

3 Leicht machen kurz vor dem Lift aus dem Wasser: Im letzten Teil des Eselstritts das Board nach hinten weg fahren und damit den Oberkörper Richtung Leinen bewegen.

4/5 Zusammenbau des vollständigen Sprunges mit zusätzlicher Kiteunterstützung. In dem Moment der impulsiv gesetzten Kante darf der Kite nicht weiter zurückgelenkt sein als 10.30 Uhr in dieser Sequenz beziehungsweise 13,30 Uhr, wenn man auf Backbordbug fährt.

KÖNNENSSTUFE 3
Das musst Du vorher lernen

Höhe laufen; gute Kantenkontrolle

Anpowern des Schirms ohne Verlust der Kantenbelastung

Kite 45

SCHIRMSTEUERUNG SPRINGEN

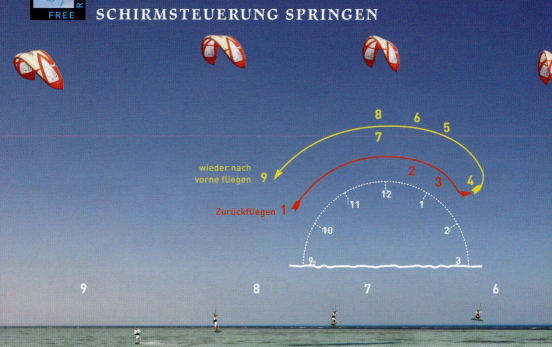

Schirmsteuerung: Zenit macht die Landung sanft

Der Schirm übernimmt beim Sprung eine tragende Rolle. Beim Absprung wirkt er wie ein Anker, den der Kiter hinter sich wirft. Er rupft den Seemann vom Wasser und befördert ihn zum Piloten. In der letzten Phase des Sprungs wirkt er wie ein Fallschirm und setzt den Kiter wieder sanft auf dem Wasser ab.

Der Anker ist natürlich nur bildlich gemeint. Physikalisch spielt sich beim Nach-hinten-Lenken des Kites nur eine Art Umkehrschub ab. Die sogenannte Luftkraft, die Resultierende aus Auftrieb und Widerstand, wirkt in der Verlängerung der Leinen. Wenn der Kiter also den Schirm über den Zenit hinaus nach hinten steuert, dann zieht der Schirm nicht mehr nach vorne, sondern in die entgegengesetzte Richtung. Könnte der Kiter das Wasser nun nicht verlassen, weil er zu schwer ist, würden die Leinen reißen. Der leichte Mensch aber ist bei ausreichend starkem Wind kein gleichwertiger Gegner für den Kite – er rupft den Kiter einfach vom Wasser.
Beim Sprung-Schüler, der vom plötzlichen Lift so fasziniert ist, dass er das Steuern vergisst, passt nun der klassische Absturz. Der Schirm zieht in die falsche Richtung, der Kiter stürzt ab wie ein Flugzeug ohne Sprit.
Deshalb muss man den Kite schon vor dem Höhepunkt des Flugs wieder nach vorne lenken. Dabei ist es sehr wichtig, den Schirm in der 12-Uhr-Position, also im Zenit, zu parken. Dann setzt der Kite, der nun als Fallschirm wirkt, den Piloten auf einem Raumschotkurs mit Wind von schräg hinten ab. Die Landung vollzieht sich gelenkschonend ganz sanft, als würde eine Daunenfeder aufs Wasser segeln.

Hier zeigt Jörn Kappenstein einen weiten Flug mit Kiteunterstützung.

1/2 Der Schirm wird von 10.30 Uhr auf 1.30 Uhr zurückgelenkt, damit der Sprung auf Weite gelingt. Wichtig ist natürlich auch eine hohe Anfahrtgeschwindigkeit, ein extremer Amwindkurs vor dem Absprung, der Eselstritt und das Lösen der Spannung Richtung Leinenzug.

3 Die Bar wird radikal zum Körper gezogen und in dieser Position gehalten, um den maximalen Auftrieb im Schirm zu erzeugen und zu halten.

4/5 Nun lenkt Jörn den Schirm wieder nach vorne Richtung Zenit

6/7 Hier geht's im Segelflug weiter, der Schirm bleibt im Lot, damit er schön trägt.

8/9 Nun wird der Schirm wieder nach vorne gelenkt, um Zug nach vorne zu entwickeln und bei der Landung auf Raumschot gleich wieder Fahrt aufzunehmen.

KÖNNENSSTUFE 4   Das musst Du vorher lernen

Höhe laufen; perfekte Kantenkontrolle

Schirmsteuerung funktioniert ohne Blickkontakt

Anpowern des Schirms ohne Verlust der Kantenbelastung

WAKE STYLER — ABSPRUNG LOADED

Kein Haken, keine Schirmunterstützung: „Geladener" Sprung aus der Hand

Wenn der Sprung mit Schirmunterstützung richtig funktioniert, kommt sofort die nächste Herausforderung: Der „geladene" Sprung mit stationärem Schirm. Spannend ist dabei nicht nur das brutale „Aufladen" der Leinen durch einen extremen Am-Wind-Kurs. Loaded Jumps werden zudem aus der Hand geflogen. Hier springt Thomas Beckmann unhooked ohne Schirmunterstützung zum Raley ab.

Um bei Stürzen möglichst wenig Höhe nach Lee zu verlieren und die Geschwindigkeit in der Landung niedrig zu halten, sollte der Kite über 45 Grad Höhe geflogen werden (auf elf/1 Uhr). Die Kontrollprobleme treten meistens direkt nach dem Aushaken auf, da der Kite nach Lee zieht. Daher ist das Abfallen zum Aushaken ein ganz zentrales Bewegungsmerkmal. Zudem gilt es, durch das Abfallen und gleichzeitige Aushaken die Arme anzuwinkeln. Das dient als Kontrollpuffer, wenn folgend die Kante gesetzt werden soll, da sich im Moment der Impulskante (Absprung) der Körperschwerpunkt hinter dem Brett befinden muss. Der Prozess des Aushakens und Ankantens ist ein flüssiger Bewegungsablauf. Direkt nach dem Aushaken befindet sich der Fahrer im Zustand hoher Körperspannung. Sollte man bereits vor

1 Thomas fällt zum Aushaken auf einen tiefen Raumwindkurs ab und hakt sich aus. Anschließend werden die Arme stark gebeugt gehalten. Die Hände werden im Kontakt mit der Centerleine mittig platziert.

2/4 Der Körperschwerpunkt muss nun zum Aufkanten hinter das Brett gebracht werden. Hier kann man nun die „Reserve" der gebeugten Arme benutzen. Die Arme werden also im Moment des Aufkantens nötigenfalls durch den Zug des Kites gestreckt. Nachdem Thomas die Kante verlassen hat, entfaltet der Kite seine explosive Kraft.

der Impulskante das Gefühl haben, die totale Zugkontrolle verloren zu haben, gilt es, den Sprung abzubrechen, das heißt: stark abfallen und wieder einhaken.
WICHTIG: Bei allen ausgehakten Sprüngen gilt es, den Raum in Lee besonders sorgfältig zu prüfen. Es wird, auch bei gestandenen Sprüngen, mehr Platz in Lee gebraucht! Sollte der Kite bei den ersten Unhooked-Sprüngen die Tendenz zeigen, Richtung Zenit zu fliegen, sollte zur Korrektur die vordere Hand 10 bis 20 Zentimeter von der Mitte entfernt gehalten werden.

KÖNNENSSTUFE 5   Das musst Du vorher lernen

Höhe laufen; perfekte Kantenkontrolle

Ausgehakt (unhooked) Schirm aus den Armen heraus steuern

Absprung hoch am Wind mit Eselstritt

SPRÜNGE MIT ROTATIONEN: BACKROLL

Rotationen: Drehen wie im Grill

Irgendwann werden auch Langflüge langweilig – das Unterhaltungsprogramm während des Fluges muss abwechslungsreicher werden: höchste Zeit für Rotationen. Hier zeigt Thomas Beckmann als Einsteigerrotation die Backroll. Auf der nächsten Doppelseite demonstriert er die Hohe Schule mit einem Frontloop über Kopf. Der spielt übrigens eine Hauptrolle bei diesen Moves – nicht wegen des Inhalts, sondern mit seinem Gewicht.

Allen Rotationen liegt zu Beginn der Rotation ein Drehimpuls zugrunde. Diese Kraft wirkt kurz vor und im Absprung auf jeden Kitesurfer. Damit der Impuls aber auch eine Rotation auslöst, muss die Körperposition des Kitesurfers in die richtige Stellung gebracht werden.

Die Achse, um die der Kitesurfer rotiert, muss man sich im eingehakten Zustand wie die gedachte Verlängerung der Kiteleinen durch den Fahrer hindurch vorstellen; in etwa wie einen Fleischspieß beim Grillen.

Der Kiter hat verschiedene Möglichkeiten, um die Drehachse zu rotieren. Es treten zwei Hauptrotationsachsen und Mixturen auf.
● **Rotationen um die Längsachse:** Der Kiter hängt wie ein Lot ganz gerade unter dem Kite. Der Kopf bleibt während der gesamten Rotation oben, die Beine bleiben unten. Vergleich aus einem anderen Sport: die Pirouette im Stehen beim Eiskunstlauf.
● **Rotationen um die Breitenachse:** Der Kiter rotiert über den Kopf. Auf der Hälfte der Rotation befindet sich das Board oben und der Kopf unten. Vergleich aus einem anderen Sport: ein geschlagenes Rad beim Bodenturnen.

Eingehakte Rückwärtsrotationen sind gerade ohne Kitesteuerung leichter zu erlernen als Vorwärtsrotationen. Die Hauptgründe dafür liegen zum einen in der Richtung des Leinenzuges, der in der normalen Fahrt anteilig mehr in die Fahrtrichtung wirkt und zum anderen daran, dass der Kanteneinsatz bei einem Backflip einfacher, da weniger komplex ist.

Das Geheimnis eines guten Rotationsimpulses liegt im Bereich des Absprunges. Bei einem Rotationssprung muss der Oberkörper im Moment des Kitezuges beim Absprung an den Leinen vorbeigeführt sein: bei einer Vorwärtsrotation nach vorne und

1 Thomas leitet die Backroll mit einem impulsiven Kanteneinsatz über den hinteren Fuß ein und lehnt dabei den Oberkörper deutlich nach hinten an der Zugrichtung der Leinen vorbei.

2 Das Board wird weiter auf die Kreisbahn beschleunigt und nach hinten oben „getreten". Dadurch wird Thomas' Oberkörper an den Leinen vorbei beschleunigt.

3/4/5 Die Rotation wird noch durch das leichte Anwinkeln der Beine beschleunigt.

6/7 Thomas sucht schon jetzt den Landeplatz und verlangsamt durch das frühe Aufstrecken des Körpers die Rotation. 8 Der Kite wird von der 11-UhrPosition nicht wegbewegt. Die Landung ist nur noch Formsache.

8 Der Kite wird von der 11-Uhr-Position nicht wegbewegt. Die Landung ist nur noch Formsache.

bei einer Rückwärtsrotation nach hinten an den Leinen (Zugrichtung des Kites) vorbei. Bei der Rückwärtsrotation ist das verhältnismäßig einfach, da das generelle Ankanten zum Absprung bereits den Auftakt zur Körperverlagerung nach hinten beinhaltet. Durch eine stärkere Ausprägung des Ankantens über den hinteren Fuß ist die Rückwärtsrotation bereits ausreichend eingeleitet. Alle folgenden Bewegungselemente dienen nur noch der Unterstützung und Steuerung der Rotation (Genaueres in den Bildunterschriften zur Backroll). Bei einer Vorwärtsrotation ist die Technik

KÖNNENSSTUFE 4   Das musst Du vorher lernen

Impulsiver Kanten–einsatz über den hin–teren Fuß

Backroll: Beim Absprung Zurücklehnen des Oberkörpers

Frontroll: Nach-vorne-werfen des Oberkörpers beim Absprung

SPRÜNGE MIT ROTATIONEN: FRONTROLL

Alles Kopfsache

1 Thomas leitet die Rotation mit einem energischen Kanteneinsatz ein. Der Kite bleibt während des ganzen Sprungs auf einer 11-Uhr-Position.

2 Nachdem Thomas sich im letzten Drittel des Absprungs über den hinteren Fuß kräftig nach vorne abgedrückt hat, wirft er den Oberkörper nach vorne/unten an den Leinen vorbei. Der Kopf ist mit dem Oberkörper stark in Rotationsrichtung vorausgedreht.

3 Der Oberkörper dreht weiter voraus nach unten.

4 Am höchsten Punkt der Tiefenrotation sind die Beine nun weit über dem Kopf.

5/6 Thomas befindet sich wieder auf dem Weg zur Wasseroberfläche, visiert aber schon jetzt den Landeplatz an.

7 Der Oberkörper ist durch die Kopfsteuerung bereits auf die neue Fahrtrichtung ausgerichtet.

8 Das Board ist dem Oberkörper gefolgt und Thomas bereitet sich auf die Landung vor.

zur Rotationseinleitung komplexer. Da das normale Ankanten zum Absprung eher nach hinten über den hinteren Fuß stattfindet, wirkt das eher kontraproduktiv für eine Vorwärtsrotation.

Um den Oberkörper im Moment des Absprungs trotzdem in Fahrtrichtung an den Leinen vorbeiführen zu können, bedient man sich energischer Gewichtsverlagerung und eines Kanten-Tricks. Das Board wird wie bei einem normalen Sprung energisch angekantet, jedoch kurz bevor man den ruckartigen Zug zum Sprung erwartet (im letzten Drittel des Eselstritts), drückt man sich aktiv mit dem hinteren Fuß ab. Dadurch wird das Board aufgestellt, und dieser bremsende Effekt erleichtert es nun dem Fahrer, den Oberkörper in Fahrtrichtung und nach

vorne an den Leinen vorbei „zu werfen".

Dass die tatsächliche Verlagerung des Oberkörpers bei allen Rotationen häufig nicht so stark ausfällt wie sie sollte, ist meist ein Grund der fehlenden Kopfsteuerung. Wenn der Blick und damit der Kopf weiter geradeaus in Richtung Kite gerichtet ist, lässt sich der Oberkörper mit einer Teilrotation nur sehr schwer an den Leinen nach vorne oder hinten vorbeiführen. Man spricht von: „Der Kopf steuert die Bewegung". Die Blickrichtung im Moment des Absprungs bekommt also eine zentrale Rolle zugesprochen. Je weiter der Kopf im Moment des Absprungs in die jeweilige Rotationsrichtung vorausgedreht ist, desto wahrscheinlicher ist ein guter Rotationsimpuls.

SPRINGEN: TRANSITION

Transition: Wende in der Luft

Eine der elegantesten Arten, die Richtung zu wechseln: die Wende in der Luft. Etwas tricky daran ist nur die Schirmsteuerung.

Transition heißt eigentlich Übergang. Irgend ein Sprachkünstler hat den Begriff dann auch für eine Richtungsänderung entliehen. Und so reden wir hier von einer Transition mit Rotation: Ein Sprung mit Kreisel, der so aufgelöst wird, dass der Kiter in die andere Richtung weiterfährt. Dieser Move enthält neben der zweckmäßigen Halsenfunktion also noch das spielerische Element der Pirouetten. Die haben keinen praktischen Nährwert. Man kann bei diesen Umdrehungen immerhin abchecken, ob der spätere Landeplatz verkehrsfrei ist. Als Checkliste fürs Training hat

● Bei Transitionsprüngen sind Kombinationen mit Rückwärtsrotationen grundsätzlich leichter einzuleiten als Frontrotationen

● Transitionsprünge, die höher als einen Meter sind, ähneln einem normalem Sprung. Bis zum höchsten Punkt sind sie sogar gleich. Der Sprung wird lediglich kurz vor der Landung gegen die alte Fahrtrichtung aufgelöst

● Die besondere Herausforderung in der Kitesteuerung während eines Transitionsprunges ist es, den Kite in der Hauptphase kurz im Zenit verweilen zu lassen und erst kurz von der Landung in die neue Windfensterhälfte zu lenken. Hierbei ist es häufig hilfreich, den Kite nach dem Hochlenkimpuls bei der Ankunft im Zenit mit einer kurzen Gegen-Lenkbewegung zu stoppen

● Je stärker der Kiter angepowert ist, desto langsamer darf und sollte zu Beginn des Übens die Anfahrtsgeschwindigkeit zum Transitionsprung sein. Die Rücklenkgeschwindigkeit des Kites in Richtung Zenit muss natürlich der Anfahrtsgeschwindigkeit angepasst sein. Je schneller man ist, desto schneller muss man lenken.

● Der Fahrer befindet sich wie ein Lot unter dem im Zenit befindlichen Kite. Der Absprungpunkt entspricht dem Landepunkt.

● Den Kite nicht zu früh in die neue Windfensterhälfte steuern, sonst verliert er seine tragende Funktion. Folge: Der Kiter stürzt ab, weil er keinen „Falschschirm mehr über sich hat.

1 Der Sprung wurde von Thomas mit einer mittleren Geschwindigkeit und einem auf 13 Uhr geflogenem Kite eingeleitet. Da Thomas gut angepowert ist, reicht hier eine leichte Lenkbewegung, um den Kite Richtung Zenit zu lenken. Auf Bild 1 ist der Kite gerade im Zenit angekommen und Thomas setzt die Impulskante.

2/3/4 Thomas hat den Kite voll angepowert, um den nötigen Lift zu erhalten. Dann gilt es, den Kite ganz genau im Zenit zu parken. Nötigenfalls muss der Kite sogar durch eine kleine Gegenlenkung zum Verweilen im Zenit überredet werden. Im weiteren Aufstieg ist nicht viel zu tun. Thomas kontrolliert nur die Flugphase und kann durch die Nutzung der Depowerfunktion (Heranziehen oder Wegschieben der Bar) die Flugzeit verändern.

5 Der höchste Punkt ist erreicht. Der Kite befindet sich immer noch genau im Zenit. Der Fahrer schwebt über einem festen Punkt, idealerweise ohne jeglichen Leeversatz.

6 Um direkt in einen fließenden Übergang zu kommen und wieder Fahrt aufzunehmen, lenkt man den Kite in eine Sinuskurve wie bei dem normalen Start.

7 Der Kite befindet sich auf dem Weg in Richtung Powerzone. Thomas bereitet die Landung auf einem Raumwindkurs vor, um gleich wieder Geschwindigkeit aufnehmen zu können.

KÖNNENSSTUFE 4 Das musst Du vorher lernen

Perfekter Absprung und lange Hangtime

Sichere Kitesteuerung und gutes Timing

Landen auf einem raumen Kurs

FREE RIDER — FUNTRICKS: GRABS

1 Direkt nach dem Absprung verlagert Jörn sein Körpergewicht auf den vorderen Fuß. Zeitgleich löst er seine vordere Hand und greift die Nose des Boards.

2 Durch die Gewichtsverlagerung und den Nosegrap ist die Rotation schon eingeleitet. Je weiter sich Jörn nach vorne beugt und versucht, den hinteren Fuß zu strecken, desto stylischer sieht der Grab aus. Wichtig: Gib nicht die Körperspannung auf.

3 Achte bei der Rotation darauf, dass Du nicht zu stark mit der hinteren Hand den Kite zurück lenkst. Für den eleganten Schwebeflug ist es wichtig, dass der Kite in dieser Phase noch immer über Dir steht.

4 Jörn bringt jetzt wieder die vordere Hand an die Bar. Der Körper-

Griff an die Kante

Der Griff an die Kante ist der Einstieg in die Funtricks, früher gerne auch als Old School geschmäht. Dabei fördert dieser Trick Sprungtechnik, Schirmsteuerung – und Beweglichkeit

Grabs haben eigentlich ihren Style-Wert nie verloren: Auch Wakestyler greifen gerne an die Kante – was sollen sie auch sonst tun, wenn sie sich nicht gerade die Stange hinten durchstecken oder den Schirm kreiseln lassen? Grabs haben auch eine durchaus sinnvolle Komponente: Sie sind perfekte Vorübungen für die Board-off-Sprünge, weil sie die Schirmsteuerung schulen und die nötige Beweglichkeit trainieren. Viel Trainingszeit verlangen Grabs nicht. Weil man sich im Sprung ohnehin klein macht, um das Pendeln zu verhindern, kann man in dieser Katzenstellung auch schnell nach der Kante greifen. Kombiniert mit Rotationen wird der Grab ein ganz feines Manöver. Dabei spielt der Kopf die Führungsarbeit. Wie auf den Bildern zu sehen ist, dreht Jörn seinen Kopf in Rotationsrichtung und gibt Brett und Körper die Richtung vor.

Drei verschiedene Grabs können beliebig variiert werden. Der einfachste Trick ist der Tailgrab und dabei mit der schönste. Ans Heck kommt auch der Ki-

schwerpunkt wandert zentral über das Board zurück.

5 Die Rotationsgeschwindigkeit kann über die Streckung des Köpers kontrolliert werden. Dazu gibt Jörn seine kompakte Haltung auf. Beine und Arme sind deutlich gestreckter.

6 Über die Schulter fixiert Jörn schon jetzt seinen Landepunkt. Sein Fahrwerk (Beine) ist dabei komplett ausgefahren.

7 Beim richtigen Timing zeigt die Brettnase wieder in Fahrtrichtung. Der Kreisel mit Grab ist geschafft. Die Landung wird durch die Beine abgefedert. Vergesst nicht, den Kite wieder nach vorne zu ziehen, damit es danach in die richtige Richtung weitergeht.

ter, der weniger beweglich an der Hüfte ist. Der Nosegrab verlangt schon etwas Beweglichkeit, weil der Weg zur Boardnase weiter ist. Und der Indy (Griff durch die Beine) stellt höchste Anforderungen an die Gelenkigkeit, weil beim Suchen der Kante nahe am Griff immer der Körper im Weg ist.

KÖNNENSSTUFE 4   Das musst Du vorher lernen

Perfekter Absprung und lange Hangtime

Sichere Kitesteuerung auch einhändig

Flugsteuerung durch Kopfdrehung

FREE RIDER

FUNTRICKS BOARD OFF

Trick mit hohem Stylefaktor

Das Board im Sprung von den Füßen zu nehmen, ist ein sinnfreier Trick. Aber immer noch stylisch. Auch wenn Newschooler spotten, das Publikum freut sich über einen guten Board off.

Wer keinen sehr sauberen Sprung in die oberste Etage springen kann, der darf Board Off Sprünge vergessen.

Ein Board-Off-Sprung wird also nicht durch seine Schwierigkeit an sich zu einem Top-Manöver, sondern durch die Tatsache, dass viele Dinge (Teilbewegungen) zur gleichen Zeit ausgeführt und kontrolliert werden müssen. In der Sportwissenschaft spricht man daher von einer komplexen Bewegung.

Bei dieser Technik kommt zu dem Komplexitätsdruck auch noch der Zeitdruck hinzu. Wichtig: Fehlerhafte Sprünge mit viel leewärtigem Versatz sind problematisch und sollten gleich abgebrochen werden. Bei allen Board-Off-Sprüngen mit Rotation muss die Flughöhe gut kontrolliert werden können, da davon die Rotation entscheidend abhängt.

Viele Anfänger haben zu Beginn das Problem, dass der Pilot im Flug nicht an das Board kommt. Das hat jedoch nur in den allerwenigsten Fällen die Ursache in mangelnder Flexibilität, sondern in einer Anspannung zu vieler unnötiger Muskelgruppen. Zu Beginn ist es sehr schwierig, den Kite mit der Kraft zu kontrollieren, aber die Rumpfmuskulatur so weit zu entspannen, dass man stark in die Hocke kommt, um an

1 Thomas hat in der Vorbereitung zum Absprung wie bei allen anderen Sprüngen die Kante gehalten und das Wasser mit einem Eselstritt (Impulskante) über den hinteren Fuß verlassen.

2 Direkt nach der Einleitung zur Rückwärtsrotation beginnt der Griff zum Board.

3 Noch in der aufsteigenden Phase hat Thomas das Board von den Füßen genommen.

4 Am höchsten Punkt ist Stylephase. Thomas' Rücken zeigt zum Kite. Hätte er sich an dieser Stelle bereits weiter gedreht, würde er im Anschluss hoffnungslos überdrehen.

5/6/7 Nun schnell das Board an die Füße. Je schneller das geht, desto mehr Zeit hat der Pilot für die Kitekontrolle.

8 Das Board ist bereits kurz nach dem höchsten Punkt wieder an den Füßen.

9/10 Thomas stoppt durch das Strecken der Beine die Rotation und bereitet sich schon auf die Landung vor.

11 Die Landung erfolgt nach einer eineinhalbfachen Drehung, denn Thomas visiert die Landung auf Switch an.

das Board zu kommen. Die Hände greifen dabei die Bar möglichst mittig, um ein Übersteuern des Kites zu vermeiden.

Da es sich um eine zusammengesetzte Technik handelt, sollten die Einzelteile auch einzeln trainiert werden. Dieses Mittel der Teillernmethode lässt sich bei diesen Sprüngen ideal anwenden.

● Hierfür hängt man sich in einen Simulator an Land und trainiert, sich schnell das Board von den Füßen zu nehmen und wieder anzustecken. Wenn dieser Teil des Sprunges automatisiert ist, kann der Fahrer trotz der Komplexität dieser Technik sein Augenmerk auf der Kitesteuerung belassen.

● Wenn No-Foot-Sprünge, wie in diesem Sprungbeispiel, zusätzlich mit Rotationen kombiniert werden sollen, ist es obligatorisch, dass diese in hoher Präzision gesprungen werden können.

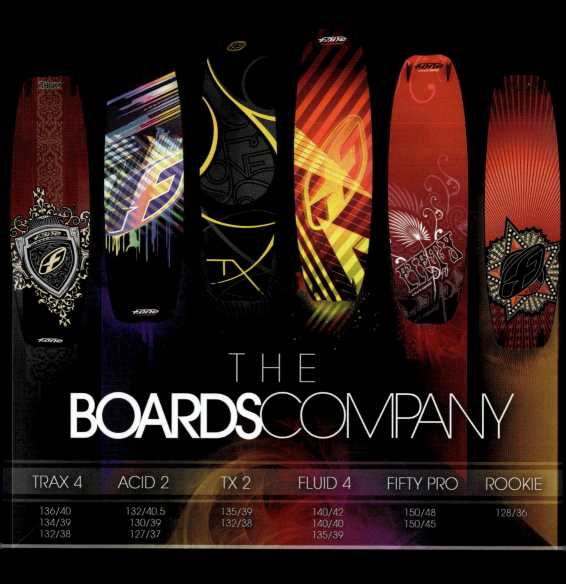

THE BOARDSCOMPANY

TRAX 4	ACID 2	TX 2	FLUID 4	FIFTY PRO	ROOKIE
136/40	132/40.5	135/39	140/42	150/48	128/36
134/39	130/39	132/38	140/40	150/45	
132/38	127/37		135/39		

TWIN TIP COLLECTION

Since the creation of our sport in 1996, F-One has been a kite board maker. With our constant focus on innovation, we develop boards that are leading the evolution of riding practices. Today we put all our experience and know-how into offering a full range of high performance boards from freeride to freestyle, cruising to unhooked, for all types of conditions. Since 2002, our original and now proven Direct Drive technology with full wood core is being used on all our twin-tip models. Our priority for 2009: reduce the weight and keep our legendary strength and dynamic flex! Each board has been designed with this goal in mind. The excellence and know how of our factory allows us to build the new Trax with the combination of full wood core and an incredible three dimensional bottom shape that includes a single concave, steps and lateral V. The R&D team also focused its attention on the accessories. The Pro Platinium pads have a new density to improve the comfort. The new System "Strap Locks 2" evolved to facilitate assembly and allow each rider to optimize its settings.

NEW STRAP LOCK

www.f-onekites.com

SINCE 1997

SIGNATURE	SURF	GUN	SURF SL	FISH
5'6" 168/45 5'8" 172/45 5'10" 178/45	6'0" 183/46	6'9" 205/46	6'2" 188/47 6'4" 193/49	5'2" 157,5/46

FONE CUSTOM SERIES

A kite board is subject to more constraints than a standard surf board. It endures more pressure when riding upwind, in the chop and during jumps. A sandwich construction is the natural answer. Being loyal to wood, which is the core of our twin-tip boards, our research led us to bamboo. The result is a light structure, that is highly resistant to dings and in the feet area for landing jumps. Bamboo allows the board to keep some flex and absorb vibrations. As a result, the riding experience gives you a nice feeling of strength with comfort. The extremely dense cellular structure of the bamboo surpasses oak in stability and elasticity. Bamboo is superior to wood in terms of durability and rigidity. The use of bamboo is also environmentally responsible.

KITELOOP

Loopenrein: Die Profi-Klasse

Wakeboarder werden ganz blass, wenn sie ihn sehen: Der Kiteloop funktioniert am Kabel nicht – der gehört uns Kitern ganz allein. Bei keinem anderen Trick gibt es diese Mischung aus Angst und Lust. Wenn der Kite durch die Powerzone rast, wird der Flieger nach Lee gerissen, als wäre er an einen startenden Porsche gekettet.

Am Strand von Gouna wollte mir vor fünf Jahren ein österreichischer Pro etwas vorführen, was nur bei Wind unter 20 Knoten funktioniere. Bei oberen fünf Windstärken wagte er keinen Kiteloop. Heute wird bei sieben Beaufort gekurbelt, in drei Meter Höhe und in zehn, einfache Loops, Downloops, doppelt und todesmutig. Der Kiteloop ist heute das Manöver der Männer. Was ist so testosteronhaltig am Kreisel?

Der Kiteloop hat mittlerweile sehr viele Gesichter. Man kann ihn als Einsteiger-Kiteloop in die Halse machen, aber eben auch den „Ruben.Lenten-Kiteloop" in

Welche Kraft ein Kiteloop produziert, hat man selbst in der Hand: Maximalkraft, Dauer und Zugrichtung können beeinflusst werden durch den Radius des geflogenen Loops, die Fluggeschwindigkeit und die Ausgangsposition im Windfenster. Kiteloops kann man also auch klein und sanft zirkeln und so sich so langsam an die große Zugmaschine herantasten.

KÖNNENSSTUFE 5-6   Das musst Du vorher lernen

Sauberer Absprung loaded

Blinde Kitesteuerung in allen Griffvarianten

Angstüberwindung und Schmerztoleranz

WAKE STYLER KITELOOP

Ein Kiteloop muss keine Mutprobe sein

1 In der Einleitung fährt Thomas genau so an wie zu einem normalen Sprung, jedoch stoppt er die Rücklenkbewegung bereits im Zenit.

2-3 Nach dem impulsiven Kanteneinsatz und fixen Kite im Zenit beginnt der Steigflug.

4 Im letzten Drittel des Aufstiegs leitet Thomas mit einem maximalen Lenkimpuls und angezogener Bar den Loop ein.

5-7 Nun heißt es, entschlossen die Bar voll eingelenkt zu halten – es gibt nun kein Zurück mehr.

8-10 In dieser Flugphase kommt der explosionsartige Zug nach Lee, denn hier er-

zehn Metern Höhe einleiten und dabei einen Lee-Versatz von 100 Metern zelebrieren. Irgendwie liegt die Faszination aber immer in der extra Portion Power und der einzigartigen Form der Kraftentfaltung.

Die Männlichkeit eines Kiteloops wird ja am Maß der Querbeschleunigung gemessen. Ein Kiter beschrieb das Gefühl mal so: Das ist wie wenn im Comic ein Hund einer Katze nachfliegt – man sieht nur noch zwei waagerechte Lebewesen. Ist das die Skala: Je mehr Zug nach Lee, desto mehr Kitzel und Selbstbestätigung?

Der Lee-Versatz und die Höhe sind tatsächlich die Hauptparameter für einen gewagten Kiteloop. Bei so einem „Ruben-Lenten-Kiteloop" ist die Adrenalin-

reicht der Kite seine höchste Fluggeschwindigkeit.

11-13 Der Kite ist nun auf dem Weg zurück in den Zenit. Hier entfaltet er in der absteigenden Phase etwas von seiner tragenden Wirkung.

Ausschüttung tatsächlich der Wahnsinn. Aber das ist auch die Königsdisziplin. Es ist nicht zwingend notwendig, Kiteloops bei 30 Knoten Wind zu erlernen und sofort mit Raketenbeschleunigung zu trainieren. Viele Kites, vor allem die Bows, drehen dank der Bridles sehr eng. Und ein kleiner Kreis entwickelt nun einmal nicht soviel Zug nach Lee wie ein Kreis, bei dem der Kite viel Anlauf vor dem Flug durch die Powerzone hat.

Kite 67

ultimate tools 2009

"Q" vision becomes reality
the ultimate crossover kite

"Q" always the right choice
sizes: 5.0 | 7.0 | 9.0 | 10.5 | 12.0 | 14.0

- visionary wind range
- c-shape bar feedback
- auto relaunch
- 4-line setup with full 5th-line function
- self adjusting profile
- gemini strut design
- one point inflation

"IQ"-Barsystem
- integrated leash system
- anti twist function
- short depowerline

Spleene Watersports GmbH & Co. KG | Fon: +49 (0) 75 45 555 998
office@spleene.com | www.spleene.com

WASSERSTART MIT KITELOOP

Wasserstart mit Loop: die Einstiegsdroge für Aufsteiger

Grundsätzlich kann man sagen, dass Bows und Deltas also gute Looptrainer sind, jedoch darf man auch nicht voreilig alle Bowkites und Kites, die dem Bow ähnlich sind, in einen Topf werfen. Wenn man es sachlich angeht, dann ist es von Vorteil, wenn der Kite in der Trainingsphase nicht allzu starke Leekräfte entfaltet und in der Lage ist, eng zu drehen. Das können aber bei Leibe nicht alle Bows und deren Verwandte. Ein Hybridkite mit großer Depower mag vielleicht mehr Kraft nach Lee produzieren, aber dafür drehen diese zumeist sehr eng und haben eine gut fühlbare "saubere" Kraftentfaltung.

Nun ist ein Kiteloop ja kein Kindergeburtstag. Wie tastet man sich an einen Kiteloop ran? Welche Vorstufen vermitteln das Gefühl des Kiteloops ohne größere Kolateralschäden? Welches Trainingsprogramm gibt es?

Es gibt bei dem Kiteloop-Training ausgezeichnete Möglichkeiten, sich langsam an die Thematik heranzutasten. Schon der Aufsteiger kann die ersten Loops ins Training einstreuen und sich so an die besondere Flugtechnik gewöhnen.

Wo liegen eigentlich die Knackpunkte beim Kiteloop? Ist das wie beim Frontloop im Windsurfen einfach eine Sache der Traute oder verlangt der Loop durchaus filigrane Technik?

Bei den todesmutigen extremen Kiteloops ist das sicherlich eine Sache der Entschlossenheit und auch des Mutes. Ohne das temporäre Ausschalten des Gehirns ist ein Beitritt in die Bundesliga der Kiteloops indes auch nicht möglich.

Kiteloops sind eigentlich was für kleine, schnelle Kites. Sollte man aber nicht trotzdem, wie im Training zumeist üblich, mit den dicken Hummeln begin-

1 Nachdem Thomas den Kite zum Auftakt kurz und knackig eine „Stunde" auf halb 12 Uhr in die gewünschte Fahrtrichtung gelenkt hat, folgt das beherzte Einlenken in den Downloop.

2-4 Die leichte Brettdrehung auf einen Raumwindkurs, welche durch das kurze Auftaktlenken entsteht, ist Thomas willkommen und wird durchgehalten, auch nachdem der Kite zum Start in die entgegen gesetzte Richtung eingelenkt wird.

5 Der nun einsetzende Zug wird nun dazu genutzt, das Brett noch weiter auf einen Raumwindkurs auszurichten.

6 Wenn der Zug des Kites ausreicht, um aufzusteigen, verlagert Thomas das Gewicht konsequent auf den hinteren Fuß.

7-8 Direkt nach dem Lift auf das Brett wird nun bereits begonnen, mit dem hinteren Fuß die Leekante zu belasten.

9-11 Durch die Belastung der Frontsidekante (Switchposition), verbunden mit einer starken Kurveninnenlage, bleiben die auftretenden Kräfte gut kontrollierbar, da sie direkt in Fahrt umgesetzt werden. Sowohl die Kantenbelastung als auch der Lenkimpuls werden so lange aufrechterhalten, bis der Kite in die angestrebte Fahrrichtung zeigt und der neue Kurs eingestellt ist.

RALEY MIT LOOP

Raley: Brett hoch, Kite runter

nen, die weniger schnell fliegen und deshalb weniger explosionsartigen Zug entwickeln?

Größer als zwölf sollten die Trainings-Kites nicht sein. Es stimmt zwar, dass die großen Leichtwindkites aufgrund ihrer niedrigeren Fluggeschwindigkeit weniger dynamische Kräfte entwickeln, allerdings haben sie auch große Nachteile, denn sie haben einen meist großen Radius und fliegen bei einem Kreisel immer durch die Powerzone. Deshalb haben sie im Verhältnis zu einem kleinen, wendigen Kite einen relativ langen Weg zurückzulegen. Diese Tatsache, gepaart mit der niedrigeren Fluggeschwindigkeit, bedeutet, dass der Fahrer sehr lange „zu viel" Kraft zu kontrollieren hat.

Radien der Kiteloops bestimmen ja den Zug nach Lee mit. Wie variiert man die Kreisel von sanft auf brutal?

Dieser wichtigste Parameter der Kraftentfaltung ist recht leicht zu variieren. Je stärker ich den Kite einlenke, desto kleiner ist der Radius - das ist beim Autofahren auch nicht anders. Es ist jedoch Vorsicht geboten, denn das Maß der gewählten Depower steht in unmittelbarer Abhängigkeit zur Lenkempfindlichkeit. Soll heißen, dass ein stark depowerter Kite (Bar weit nach oben geschoben oder/und Adjuster stark gezogen) weit weniger sensibel auf den Lenkimpuls reagiert.

Nun müssen wir auch mal über das Rot-Kreuz-Potenzial der Kiteloops reden. Wie gefährlich ist der Kiteloop wirklich, und wie lässt sich das Risiko minimieren - für Knie und andere Gelenke gibt es keine Prallschutzwesten.

Das ist eben das kalkulierte Risiko. Es bleibt aber bei dem Leitsatz: Halte Dich an die Regeln im Kitesurfen – dann ist es ein unglaublich sicherer Sport.

Für das Kiteloop Training ist eine Prallschutzweste aber sicherlich eine gute Idee. Gerade wenn der Kite im Sprung radikaler geflogen wird - also auf gleicher Höhe wie der Fahrer fliegt, können die Einschläge durch hohe Geschwindigkeit und ohne tra-

1 – 3 Die Power, die Thomas vom Wasser gerissen hat, bringt ihn in den Horizontalflug. Festhalten ist angesagt.

4 Der Zug lässt nun etwas nach und Thomas beginnt durch das Beugen der Beine bereits das Board wieder näher zu sich zu holen.

5 Thomas lässt hier kurzzeitig eine Hand los. Der Zug nach Lee bringt so die rechte Körperseite und Brettspitze nach vorn.

6-7 Nun wieder beide Hände an die Bar und das Board wieder zurück unter den Körper ziehen

8 Thomas landet mit hoher Geschwindigkeit auf dem neuen tiefen Raumwindkurs und hält den Lenkimpuls weiterhin aufrecht, damit der Kite weiter in die neue Windfensterhälfte fliegt.

9 Der Lenkimpuls wird beim Anluven auf den neuen Kurs weiter gehalten, bis der Kite in die neue Fahrtrichtung zeigt.

gende Wirkung des Kites gekennzeichnet sein. Da bleibt einem schon mal die Luft weg, oder eine Rippe gibt nach. Wir wollen aber auch keine unnötige Angst schüren, denn die gemäßigten Kiteloops sind nicht so problematisch. Man sollte es eben nicht sofort übertreiben und wissen, was man macht.

Da bleibt doch nur die Frage übrig: Muss man Kiteloops können? Oder darf man als Familienvater dieses Kapitel einfach überspringen?

Wer den Kiteloop generell ablehnt, bestiehlt sich selbst vieler schöner Trickkombinationen. Trainieren, lernen und erleben - das ist eben das Wesen des Kitesurfens.

WAKE STYLER : TRANSITION MIT LOOP

Wende in der Luft mit Downloop

Blut & Schweiß & Tränen

Das Kiteloop-Training ist sehr intensiv – von den Gefühlen her, vom Zeitaufwand und von der rein körperlichen Erfahrung. Trainingsexperte Thomas Beckmann gibt für die Loop-Karriere einige hilfreiche Tipps zusammengestellt.

1. Nimm einen kleinen Softkite (nicht größer als zwei Quadratmeter) und trainiere den Start mit Kiteloop und die Halse mit Downloop. Statt zu fahren, läufst du die Strecke und gewöhnst Dich so an die besondere Steuerung.

2. Lasse das Board am Strand und gehe mit einem Kite – nicht größer als 12 bis 14 – raus zum Bodydrag mit Kiteloop. Der Kite sollte nicht so stark angepowert sein.
Die Königsdisziplin auf dem Bauch ist die Halse aus einem Bodydrag auf Halbwindkurs. Beachte hierbei, dass Du mit dem Körper dem Kite immer ein wenig voraus bist – so behält man auch in einer rasanten Schleifhalse die volle Kontrolle.

3. Start mit Kiteloop. Für alle guten Switchfahrer auch mit Switch-Variante beginnen. In dieser ist es etwas leichter, das Board auf den tiefen Raumwindkurs auszurichten.

4. Kiteloop in die Halse (Switch fahren können ist obligatorisch). Entweder von der Switch-Position mit Downloop in die normale Fahrposition. Merke: Je konsequenter dem Kite hinterher gefahren wird, desto niedriger der Zug.

5. So wie in der „Schubumkehr" gezeigt, eignet sich der Downloop nach einem kleinen Transition-Sprung sehr gut, einen schmerzfreien Kiteloop im Sprung einzuleiten. Materialwahl: Kite nicht größer als 12 und nur mittelstark angepowert.

6. Grundvoraussetzung: Sichere hohe Sprünge. Nach einem guten hohen Sprung in der absteigenden Phase zwei bis drei Meter vor der Landung den Kite zum Weiterfahren nicht nach vorne einlenken, son-

1 Aus einer mittleren Fahrgeschwindigkeit leitet Thomas einen normalen kleinen Sprung ein, bei dem der Kite nur bis in den Zenit zurückgeflogen wird.

2 Der Lift nach oben setzt nach dem starken Kantenimpuls ein. Thomas hat so stark angekantet, dass er nun in der Luft steht.

3/6 In einer Lot-Position mit dem Kite im Zenit beginnt nun der kerzengerade Aufstieg.

7 Der höchste Punkt liegt hinter Thomas, und der Abstieg beginnt. Nun lenkt Thomas den Kite maximal zum Downloop.

8/11 Da der Kite während des Abstiegs aus dem Zenit geflogen wurde, geht es abwärts nun etwas schneller.

12 Die Landung erfolgt nun mit dem neuen vorderen Bein auf einem tiefen Raumwindkurs.

13/16 Die maximale Lenkung wird weiter gehalten und der Kite damit in die neue Windfensterhälfte in Position gebracht. Nun noch den Kurs einstellen und weiter geht's.

dern nach hinten rausloopen. Wichtig: Der Kiteloop muss aus dem Zenit gestartet werden.

7. Die Unhooked-Variante: Die Unhooked-Kiteloops sind gerade im unterpowerten Zustand aufgrund der höheren Freiheitsgrade (Ausgleichsmöglichkeiten) eigentlich leichter zu kontrollieren als die Hooked-Kiteloops. Wichtig beim Kiteloop-Training: Nur im unterpowerten Zustand trainieren. Nicht vergessen: Bei Bowkites bedenken, dass diese nach dem Aushaken zumeist dazu neigen zu übersteuern (Backstall), daher unbedingt vor dem Aushaken mit dem Adjuster den Kite depowern.

8. Und das Allerwichtigste: IMMER GENUG PLATZ NACH LEE

WAKE STYLER — KITEN OHNE HAKEN

Wakestyle: Der Lift, der aus den Beinen kommt

Der Trapezhaken hat ein Image-Problem: Er ist zwar als Parkplatz für den Chickenloop durchaus hilfreich, aber für die Tricks ist heute Handarbeit angesagt: Unhooked-Moves sind Pflicht für die Könner. Thomas Beckmann vom Kiteboarding-Club zeigt die Basics. Und schildert, wie man die hakenfreien Tricks trainiert.

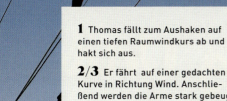

1 Thomas fällt zum Aushaken auf einen tiefen Raumwindkurs ab und hakt sich aus.

2/3 Er fährt auf einer gedachten Kurve in Richtung Wind. Anschließend werden die Arme stark gebeugt gehalten. Die Hände werden im Kontakt der Depowerleine gehalten. Der Körperschwerpunkt muss nun zum Aufkanten hinter das Brett gebracht werden. Hier kann man nun die „Reserve" der gebeugten Arme benutzen. Die Arme werden also im Moment des Aufkantens nötigenfalls vom Zug des Kites gestreckt.

Seit der Erfindung des Vierleiners freut sich der Kiter über den Ring unter der Bar und den kraftsparenden Haken am Trapez. Und dann kommt es ganz anders: Ausgehakt ist plötzlich angesagt, der Haken ist nur ein Parkplatz für die Zeit zwischen den Moves. Was ist so spannend, wenn es einem unhooked die Arme langzieht? Die alte Sehnsucht nach dem Zweileiner?

Das ist wohl nicht der Grund. Grundsätzlich will auch kein Unhooked-Rider auf den Komfort einer Vierleiner-Funktion verzichten. Denn auch er muss ja zwischen den ausgehakten Sprüngen möglichst kraftsparend die verlorene Höhe zurückgewinnen. Einzug in die Fahrtechnik des Kitesurfens hat der Unhooked Bereich aber ganz klar gehalten, weil die guten Fahrer nach neuen Herausforderungen gesucht haben. Eingehakt war das Potenzial der möglichen Tricks eben irgendwann ausgeschöpft. Die Attraktivität eines Sprunges steigert sich dann eben nicht mehr wirklich, ob man eingehakt nun vier oder fünf Rotationen macht. Hier hat Lou Wainman schon Anfang 2000 gezeigt, wohin die Reise geht. Unhooked ist aber eben nicht nur eine massive Erweiterung der technischen Möglichkeiten, sondern es ist ein vollständig anderes Kitesurfen.

Was sind denn die elementaren Unterschiede zum eingehakten Kitesurfen?

Sobald man sich ausgehakt hat, ist es vorbei mit der zentralen Kraftaufnahme über den Trapezhaken, ab sofort landet alle Power des Kites direkt an den Händen und Armen und muss durch die Rumpf- und Beinmuskulatur über die Brettkante kontrolliert werden. Das ist schon eine spannende Sache.

Alle Sprünge vermitteln natürlich eine ganz andere Wahrnehmung der auftretenden Kräfte. Zudem sind zum Beispiel Rotationen ähnlich, aber durch die ganz andere Rotationsachse auch sehr fremd. Alle Sprünge, die man im eingehakten Zustand kennt, fühlen sich ausgehakt eben ganz anders an – viel puristischer. Gerade in der Bundesliga des Kitens bedeutet die zusätzliche Möglichkeit natürlich vielfältige neue Möglichkeiten von technischen Kombinationen und Varianten.

Wie fühlt sich das an für einen Unhooked-Einsteiger, wenn plötzlich alles Handarbeit ist?

Zu Beginn ist das Gefühl natürlich sehr spannend, denn man bringt sich ja absichtlich in einen Zustand, den man ansonsten gerne vermeiden möchte, da man dem Kitezug nun ausgeliefert ist und eine Zugkontrolle nur noch über die Position im Windfenster zu steuern ist – Depowern fällt aus. Um überhaupt einen Sprung einzuleiten, müssen die Fähigkeiten der Kantenkontrolle viel stärker ausgeprägt sein als im eingehakten Zustand. Schon in der Einleitung zu einem Sprung verlieren die meisten Einsteiger deshalb ihre Kante und werden vom Zug des Kites auf einen Raumwindkurs gezwungen.

Da empfiehlt es sich, den Trimmer vorher auf Low-Power zu stellen? Außerdem wäre es doch hilfreich, entweder die Frontleinen auf Kurz umzuknüpfen oder die Backleinen zu verlängern?

Beim Unhooked-Kiten hängt der Schirm ja mit maximalem Zug an den Steuerleinen – der Kite steht in der absoluten Powerstellung. Deshalb sollte man in der Tat den Adjuster (Trimmer) für die ersten Versuche ziehen, damit der Schirm nicht in der Vollgaszieht wie ein Ochse. Man sollte sich tatsächlich vor dem Aushaken überlegen, ob man sich auch richtig

KITEN OHNE HAKEN

vorbereitet hat. Denn der Fahrer hat nach dem Aushaken sofort mit der abrufbaren Maximal-Power zu tun. Hier ist es sicherlich gerade zu Beginn immer richtig, die Power des Kites mit Hilfe des Adjusters etwas zu drosseln und dabei natürlich auch den Anstellwinkel, im Sinne stabiler Anströmung, zu optimieren. Manche Full-Depower-Kites neigen nämlich zum Backstall und drohen nach hinten abzuschmieren, wenn sie nur noch an den Backlines hängen, sprich der Anströmwinkel zu steil ist. Der Grund liegt in der Geometrie und den Strömungseigenschaften der Kites. Man muss sich aber nicht gleich einen alten C-Kite kaufen, um die ersten Unhooked Manöver zu probieren, mit dem Griff zum Trimmer ist das Problem oft schon behoben. Je nach Modell muss man jedoch sehr beherzt zugreifen. Es lohnt sich also, bei dem Kauf eines Kites schon darauf zu achten, wie die Unhooked-Eigenschaften bewertet sind.

Welche Wind- und Wasserkonditionen empfehlen sich für die ersten Unhooked-Versuche, und was sollten das Brett und der Kite für Voraussetzungen mitbringen?
Über den Kite haben wir gesprochen. Das Board sollte man nicht zu klein wählen. Gerade im Unhooked-Bereich ging der Trend in der Vergangenheit zu größeren Brettern. Mit diesen kann man eben auch ohne Überpower Höhe gewinnen und gleitet auch durch kleine Windlöcher. Klare Ansage: Finger weg von harten Boards. Diese Untugend schädigt nur Knie und Rücken. Die herumgeisternde Argumentation eines besseren Pops im Absprung kann ich nur schwer nachvollziehen. Hier sollte man wohl eher an einem besseren Kanteneinsatz trainieren.

Welche fahrtechnischen Voraussetzungen braucht der Unhooked-Einsteiger, um die Bar in Handarbeit zu steuern? Und setzt Unhooked ein bestimmtes Kraftpaket voraus oder können auch zarte Frauen den Kite aus den Armen heraus fliegen?
Grundvoraussetzung ist sicherlich ein sehr kontrollierter Kanteneinsatz während der Fahrt. Auch sollten normale Sprünge bis drei, vier Meter Höhe kein Problem darstellen. Dass Frauen nicht genügend Kraft für das Unhooked-Fahren hätten, ist wohl ein Vorurteil. Es geht aber eher darum, im Verhältnis zu seinem Körpergewicht eine ausreichende Maximalkraft zu haben. Wer nicht mal sein eigenes Gewicht im freien Hang halten kann, der sollte von Unhooked-Manövern Abstand nehmen.

Welche Moves sollte man in der neuen Hak(los)-Ordnung in einer methodischen Reihe trainieren?
Die meisten Unhooked-Anfänger möchten natürlich so schnell als möglich den Raley beherrschen. Das ist in der Tat auch ein schnell erreichbares Ziel. Viele Beginner haben aber meist das kontrollierte Fahren im ausgehakten Zustand nie trainiert, und auch das schnelle Ein- und Aushaken wurde nie separat geübt.

Unhooked-Manöver können ja nicht nur das Kreuz sprich die Wirbelsäule schädigen, sondern stellen auch erhöhte Ansprüche an Knie und Sprunggelenke. Für wen ist Unhooked definitiv der falsche Sport?
Neben den angesprochenen Gelenken sind es vor al-

lem die Schultergelenke, die beansprucht werden. Bei Knien und Rücken gibt es Dämpfungsprobleme, die im Moment der Landung auftreten. Da bei Unhooked-Manövern der Kite häufig nicht genau über dem Piloten geflogen wird, kommen ihm auch nicht mehr so große tragende Anteile zu. Die Folge sind härtere Landungen, und da kommen wir wieder zum Brett und die dämpfende Wirkung der Fußpads.

Wenn wir an unsere alten Boards denken, bekommen wir im Nachhinein noch Knieschmerzen und sind nun dankbar für die neuen Boards.

Bei den Schultern liegt die Belastungs-Problematik jedoch ganz anders. Die hier auftretenden Kräfte sind zumeist ziehender Natur. So lange beide Hände an der Bar bleiben, ist das meist sogar Medizin für die Schulter, da die Kräfte eigentlich nie ein Maß erreichen, bei denen die Gelenke das nicht „schultern" könnten. Die Folge ist ein Training der so wichtigen Muskulatur der „Rotatoren-Manschette" (kleine Muskeln, die das Gelenk fixieren und Stabilität verleihen).

Gefährlich werden Momente, in denen man anfängt, nur eine Hand an der Bar zu haben und diese im Sinne eines Handlepasses auch noch übergeben will. Hier treten dann eventuell Kräfte und Zugrichtungen auf, die der Schulter Schaden zufügen können.

Ist man eigentlich am Spot unter die ganz Wichtigen aufgenommen, wenn man unhooked trixelt? Oder beginnt der kiterische Adel erst beim Kiteloop? Zumindest hat der Unhooked-Bereich das Image des Jungen und Wilden. Die Aufmerksamkeit des zuschauenden Strandpublikums erhält jedoch immer noch der sehr hoch springende eingehakte Kiter. Wenn der dann noch an der höchsten Stelle einen Kite-Loop einleitet und 100 Meter weiter in Lee aufkommt, kann der Unhooked- Raley-Springer einpacken.

 **WAKESTYLER** RALEY

Raley: Board über Kopfhöhe

Der Raley ist der erste beste Trick in der Wakestyle-Hierarchie. Man sollte allerdings, wie es Christian May hier zeigt, das Brett über den Kopf kicken.

Der Raley ist die erste wirkliche Technik im Unhooked-Trainingsplan.
- Um bei Stürzen möglichst wenig Höhe nach Lee zu verlieren und die Geschwindigkeit in der Landung niedrig zu halten, sollte der Kite über 45 Grad Höhe geflogen werden (10 / 2 Uhr).
- Die Kontrollprobleme treten meistens direkt nach dem Aushaken auf, da der Kite nach Lee zieht. Daher ist das Abfallen zum Aushaken ein ganz zentrales Bewegungsmerkmal. Zudem gilt es, durch das Abfallen und gleichzeitige Aushaken die Arme anzuwinkeln. Das dient als Kontrollpuffer, wenn folgend die Kante gesetzt werden soll, da sich im Moment der Impulskante (Absprung), der Körperschwerpunkt hinter dem Brett befinden muss.
- Der Prozess des Aushakens und Ankantens ist ein flüssiger Bewegungsablauf.
- Direkt nach dem Aushaken befindet sich der Fahrer in Zustand hoher Körperspannung
- Sollte man bereits vor der Impulskante das Gefühl haben, die totale Zugkontrolle verloren zu haben, gilt es, den Sprung abzubrechen, das heißt: stark abfallen und wieder einhaken.

WICHTIG: Bei allen ausgehakten Sprüngen gilt es, den Raum in Lee besonders stark zu beobachten. Es wird, auch bei gestandenen Sprüngen, mehr Platz in Lee gebraucht.

Sollte der Kite bei den ersten Raleys die Tendenz zeigen, Richtung Zenit zu fliegen, sollte zur Korrektur die vordere Hand 10 bis 20 Zentimeter von der Mitte entfernt gehalten werden.

1 Der Sprung in der Totalen. Beim explosiven Absprung sollte sich der Schirm etwa auf 10 bzw. 2 Uhr befinden.

1/2 Christian ist bereits loaded abgesprungen (Technik siehe Seiten 78-79) Nachdem Christian die Kante verlassen hat, entfaltet der Kite seine explosive Kraft und zwingt Christian in die Supermann-Position.

3 Christian fällt dabei in ein extremes Hohlkreuz, um das Board über Kopfhöhe kicken zu können.

2 Das Board befindet sich über Kopfhöhe. Jetzt könnte Christian noch einen Kiteloop zimmern, bei dem der Schirm unter Körperhöhe durch die Powerzone rast.

3/4 Sobald der Kiter das Board wieder unter den Körper gebracht hat und im Sinkflug den Landepunkt mit den Augen fixiert, richtet er das Board auf einen raumen Kurs aus. Gleichzeitig lenkt Christian den Kite steil nach unten, um sofort nach dem Landen ins Gleiten zu kommen.

WAKE STYLER

UNHOOKED BACKROLL

Ohne Haken Rolle rückwärts

Eigentlich ist die Einleitung des Backloops ausgehakt einfacher als am Haken. Wenn da nur nicht die vertrackte Schirmkontrolle wäre. Der Looper, der seinen Kite verzieht, wird mit einem Einschlag bestraft.

Bei der Unhooked Backroll besteht die größte Gefahr darin, den Kite zu verlenken. Da das in diesem Fall bedeutet: Der Schirm fliegt Richtung Zenit, sind häufig abenteuerliche Abflüge und ungewollte Mehrfachrotationen die Folge. Grund: Der Kite wird unwillkürlich durch den Zenit in die andere Windfensterhälfte geflogen. Es folgt ein harter Sturz, weil der Kite dann bereits so weit unten in der rückwärtigen Windfensterhälfte steht, dass er keine tragende Funktion mehr besitzt und der Kiter ungebremst ein-

schlägt. Hier gilt es deshalb mehr denn je, die vordere Hand zur Sicherheit wieder zum Bar-Ende zu nehmen, wobei die hintere Hand auf Kontakt zu dem Depowertampen mittig bleibt.

Einen Impuls für die Rückwärtsrotation ausgehakt einzuleiten, ist grundsätzlich noch einfacher als im eingehakten Zustand.

Wie bei allen Anfängen in der Unhooked-Liga sollte auch hier der Kite nicht so tief geflogen werden, um harte und schnelle Einschläge zu vermeiden.

1 Thomas hat sich schulmäßig bereits auf einem Raumwindkurs ausgehakt und seine dabei angewinkelten Arme sind nun durch den zunehmenden Kitezug bereits fast gestreckt.

2 Die Ankantphase kurz vor der Impulskante verläuft bereits über den hinteren Fuß. Thomas fährt also auf einer gedachten Kurve in Richtung Wind.

3 / 4 Im Moment des Eselstritts sind durch das stetige Anluven bereits 25 Prozent der Rotation im Wasser gefahren, noch bevor Thomas das Wasser verlässt.

5 Den Moment des Blindflugs sollte man in der Anfangsphase kurz halten.

6 Deshalb visiert Thomas auch schon sehr schnell wieder den Landepunkt an. So kann er durch seine Körperhaltung die Drehgeschwindigkeit anpassen.

7 / 8 Mit dem Anwinkeln der Arme zieht Thomas seine Beine wieder unter den Körper und bereitet sich auf die Landung vor.

WAKE STYLER — S-BEND

S-Klasse

Eigentlich nur eine ganz normale Frontroll unhooked, aber dank der Streckung des Körpers ein spektakulärer Move mit hohem Respektfaktor.

Korkenzieher haben wir diesen Move auch genannt, weil sich der Fahrer wie ein Flaschenöffner dreht. Diese Frontroll unhooked wird auch gerne für die Kulisse als Startmanöver zelebriert - das funktioniert allerdings nur bei Offshore-Wind. Um den Move zu dramatisieren, kannman ihn auch mit einem Kiteloop kombinieren.

1/2 Nach dem explosiven Pop wird sofort die Rotation mit dem Kopf eingeleitet: Den Kopf zur linken Schulter drehen, die Nase fast in die Achselhöhle stecken, um der Rotation richtig Schwung zu geben.

3/4/5 Die Rotation geht weiter, der Körper folgt dem Impuls des Kopfes. Hier sehr schön stylisch: Das Board befindet sich wie bei einem Raley über Kopfhöhe. Wenn man die Beine schön gestreckt hat, dann rotiert der Körper deutlich schneller.

6 Der Kopf ist weiter in Rotationsrichtung gedreht. Wenn sich der Körper einmal um die eigene Achse gedreht hat, löst man die Rotation auf, in dem man die Beine etwas anwinkelt.

7/8/9 Jetzt beginnt die Landephase. Dazu fixiert der Fahrer nun den möglichen Landepunkt und löst damit auch automatisch die Kopfdrehung auf. Das Board wird auf einen raumen Kurs ausgerichtet.

Gegründet von Ausbildern des VDWS Kitesurf-Lehrteams, ist der Kitersclub ein Zusammenschluss von führenden und unter deutschsprachiger Leitung stehenden Kitesurfschulen.

ZIEL
Unser Ziel ist es, einen neuen Ausbildungsstandard in der Kitesurfschulung zu setzen.

QUALITÄTSMERKMALE
- Optimale Schulstandorte
- perfektes Schulungsmaterial auf höchstem Niveau
- Schulung in Kleingruppen
- Schulung für jedes Niveau
- Intensives Sicherheitstraining in Theorie und Praxis
- Grundlagenanalyse von Gefahrensituationen
- Innovative Unterrichtsmedien und -hilfsmittel
- Individuelle Kitekarriereplanung
- Markenunabhängige Beratung

TEAM
Die Schulbetreiber haben alle langjährige Schulungserfahrung im Wassersport und sind aktiv an der inhaltlichen Gestaltung der VDWS Kitesurflehrerausbildung beteiligt.

NICHT NUR VON EXPERTEN LESEN, BESSER VON EXPERTEN LERNEN!

STANDORTE
Die Standorte weisen alle unterschiedliche Charakteristika auf. Von leicht erreichbaren Schulen, die unter der Woche und am Wochenende ohne großen Aufwand in Anspruch genommen werden können, bis hin zum attraktiven Küsten- und Urlaubsstandort.

Alle Spots bieten günstige Einsteigervoraussetzungen.

DEINE EXPERTEN VOR ORT:

NORDDEICH — MICHAEL VOGEL

RHODOS — EDDY RUMMEL

SPIEKEROOG — DIRK NANNEN

VELUWEMEER — JÖRN KAPPENSTEIN

WAKE STYLER

HANDLEPASS AUF DEM WASSER

1   2   3   4   5

Der Trick, der hinterm Rücken läuft

Der Krypt Surface ist ein Raley into switch to Surfacepass. Der Name holpert, der Trick fließt aber dahin wie Rotwein in Frankreich. Eine Bewegung begünstigt die nächste – wie für einander gemacht. Sebastien Garant präsentiert den Trick mit französischer Eleganz.

Handlepass Tricks schrecken ab. Zu schnell, zu akrobatisch, zu komplex. Bei der Vorstellung einen Mobe oder ähnliches in die Luft zu schlenzen, winken viele versierte Kiter ab. Allein bei der Vorstellung verknotet sich der Kopf. Ambitionierten Kiter geht aber auf Dauer der Trickstoff aus – vor allem bei wenig Wind. Wenn hohe Sprünge nicht mehr drin sind, trixt man dicht über der Wasseroberfläche. In diesen Höhen ist

1 Sebastien hakt sich aus und kantet nur leicht an, weil der Wind schwächelt. Die Arme sind den ganzen Sprung über angewinkelt und halten die Bar mittig fest, der Schirm wird auf der 11 Uhr Position geparkt.

2 Sebastien springt dem Kite hinterher und lässt die Beine nach hinten baumeln. Dadurch entsteht ein „Mini-Raley"

3 Der Landeanflug kommt schnell wegen der geringen Höhe. Mein Schwerpunkt bleibt dicht an der Bar.

4 Die meiste Kraft legt Sebastien auf die hintere Hand, gleichzeitig verdreht er das Brett unter sich in die Switch-Position. Das geht fast von selbst, da er dem Wind hinterherfährt. Der Zug auf der hinteren Hand dreht ihn zusätzlich in die gewollte Richtung.

5 Sofort nach der Landung löst er die vordere Hand; kein Problem, denn den der Kite zieht nur noch schwach.

6 Den Drehimpuls nimmt er mit und kreiselt weiter. Wichtig: das Gewicht verlagert er auf die Zehenkante. Die Bar wird zum Rücken geführt.

7 Das ist die Schlüsselstelle. Hier zuwenig Druck auf der Zehenkante und er macht das Klappmesser rückwärts. Das Gleiche passiert, wenn die Hand zu weit außen greift – dann loopt der Schirm und reißt ihn nach Lee.

8 Die Bar hat er mittig übergeben, so kann er in aller Ruhe die Drehung vollenden.

9 Jetzt braucht er sich nur noch leicht zurücklegen und der Schirm zieht ihn in die richtige Richtung.

10 Fertig. Kiteposition kontrollieren und ab zum nächsten Trick. Sein Tipp: Falls Ihr immer verkantet, probiert`s mal ohne Finnen.

die Trickauswahl begrenzt. Irgendwann kommt man an den Passes nicht mehr vorbei. Der Krypt Surface ist der leichteste Move, der eine Verbindung zwischen Sprung und Pass herstellt. Durch ihn lassen sich erste Bar-Übergaben wagen. Genau wie der Name beschreibt ist er aus zwei Tricks zusammengesetzt dem Krypt – dem Raley into switch – und dem Surface Pass. Beim Surface Pass wird die Bar hinter dem Rücken durchgesteckt, während ihr auf der Wasseroberfläche kreiselt. Diese beiden Elemente lassen sich getrennt voneinander üben. Wenn ihr sie beherrscht, fehlt nicht mehr viel zum fertigen Trick. Sebastien zeigt einen weiteren Vorteil: die Schwierigkeit lässt sich individuell anpassen. Wollt ihr den Move in der Beginnervariante oder bei wenig Wind, macht einfach einen Chop Hop statt des Raleys – so wie in der Bildserie unten, den Surface Pass hängt ihr vesetzt hinten an. Zu lange dürft ihr aber nicht warten, sonst bekommt der Kite zuviel Zug. In der Profiversion schwinkt ihr die Beine über den Kopf und den Pass leitet ihr schon beim Landeanflug ein. So funktioniert dann auch der Raley into blind, nur dreht ihr dabei in die andere Richtung. Auf der nächsten Seite seht ihr den großen Bruder dieser Tricks: den Blind Judge. Er enthält jedoch einen Air Pass. Das heißt, die Bar wird noch in der Luft hinter dem Rücken durchgesteckt. Beim Raley to blind und dem Krypt Surface geschieht dies erst nach der Landung.

HANDLEPASS IN DER LUFT

Immer bei der Stange bleiben

Der Handlepass galt lange Zeit als Passierschein zum Orthopäden: Schultern und Knie waren die Passionsopfer für den Profi-Status. Doch mit Yoga und Yuhu schaffen auch Junggebliebene das Durchstecken der Bar in der Luft.

Der klassische Handlepass ist ein Trick, den man sehr gut trocken üben kann. Eine perfekte Schirmsteuerung ist obligatorisch wie eine gut trainierte Muskulatur – vor allem der des Bauches. Spätestens im Moment des Aufschwunges muss der Kite eine Ruheposition erreicht haben, da er ansonsten durch seine eigene Fluggeschwindigkeit und der dadurch verursachten Verstärkung des scheinbaren Windes zusätzlichen Zug entwickelt. Dieser Zug erschwert den Handwechsel deutlich, da die Bar die starke Tendenz hat zu „fliehen".

Grundsätzlich sind Handlepasses mit kleineren Kites leichter als mit großen. Im Grunde sind normale Handlepasses in der oberen Etage (höher als fünf Meter) leichter, da der Kite am höchsten Punkt des Sprunges für eine längere Zeit weniger Druck erzeugt. Das vereinfacht die Übergabe der Bar deutlich.

Nur muss sich der Kiter trauen, im dritten Stock einen Handlepass einzuleiten. Gerade bei Fulldepower-Kites bedeutet ein Verpassen der Bar einen schnellen Abstieg mit hoher Einschlaggeschwindigkeit (Vorsicht: Knieverletzungen).

Vom Moment der Einleitung (Aufschwung), bis zur Übergabe der Bar sollte sich der Kite im Zenit befinden. Nur so kann die neue vordere Hand den Kite

1 Thomas hat den Kite zum Absprung nur bis auf eine 12.30 Uhr Position zurückgeflogen, direkt nach dem Absprung aber zurück in den Zenit gelenkt. Die Arme gilt es deutlich angewinkelt zu lassen. Die Rotationsenergie für den Handlepass wird durch ein Aufdrehen in der Absprungphase „geladen".

2 Um den Aufschwung zu erleichtern, hat Thomas bereits kurz nach dem Absprung seine Beine zurückgenommen, um sie nun dynamischer nach oben zu bringen.

3 Nun gilt es, die Bar zum rechten Hüftknochen zu ziehen, denn hier findet die Übergabe statt.

4 Direkt nachdem die Bar an der Hüfte angekommen ist, muss die dynamische Rotation eingeleitet werden.

5/6 Sofort nach der Übergabe erfolgt der zweite Teil der Rotation, damit der Oberkörper wieder zum Kite ausgerichtet werden kann.

7 Thomas versucht nach dem Wechsel der Bar, die zweite Hand wieder an die Bar zu bekommen, um den Flug besser zu kontrollieren.

8 Die starke Lenkbewegung bedeutet, dass Thomas direkt nach dem Handlepass einen Kiteloop einleitet; das ermöglicht ein direktes Weiterfahren in die Gleitfahrt.

wieder in die richtige Windfensterhälfte lenken und der Kite eine tragende Funktion erhalten.
Bei der „richtigen" Handlepass Variante wechselt der Kiter in die Hand, welche sich in Fahrtrichtung befindet. Beispiel: Bei der Fahrt nach links wird die Bar von rechts nach links gewechselt.
Wird der Handlepass anders herum ausgeführt, handelt es sich eher um eine Variante a la transition oder anschließenden Downloop. Die Landung wird dadurch aber immer etwas härter und weniger elegant.
Die meisten Rechtshänder wechseln die Bar von rechts nach links, da für das Heranziehen und Halten der Bar an die Hüfte die „stärkere" Hand besser ist.

Der Absprung zum Handle-Pass muss sehr sauber erfolgen. Jegliche Lee-Geschwindigkeit, ausgelöst durch eine schlechte Absprungkante, erschwert den Handwechsel deutlich.
Der Kite wird, gerade bei nicht so hohen Handlepasses im Moment des Absprunges nicht so weit zurückgeflogen wie bei einem normalen eingehakten Sprung. Eine 12.30, beziehungsweise. 11.30 Uhr Position ist im Moment des Absprunges ausreichend. Das vereinfacht das Finden der Ruhe-Position (hier 12.00 Uhr) am höchsten Punkt des Sprunges.
Auch hier gilt übrigens: Prallschutzweste und Helm sind sehr zweckmäßig.

WAKE STYLER — BLIND JUDGE

1 Felix stellt den Kite auf der Zehn-Uhr-Position ab und kantet schlagartig an, dann kickt er das hintere Bein ins Board, und ab geht die Post

2 Beim Raley lässt du dich einfach vom Kite nach vorne ziehen. Wichtig schon hier: Hände greifen mittig.

3 Das Board ragt bei einem schönen Raley über den Scheitel. Also: Beine nach oben drücken – wie beim Pilates.

4 Am höchsten Punkt reißt er seinen Kopf in den Nacken und winkelt die Arme an.

5 So erhält er die nötige Gegenrotation

6 Sobald er sinkt, löst die hintere Hand den Griff. Der Kopf denkt, der Kopf lenkt: Er schaut über die Schulter nach hinten oben, der Körper folgt dann von selbst. Er zieht das rechte Bein an, das verleiht ihm zusätzliches Drehmoment

7 und 8 Der vordere Arm hält die Bar weitmöglichst am Körper, während der andere Arm nach hinten geschleudert wird.

9/10 Schichtwechsel hinterrücks bei der Haltearbeit. Gleichzeitig wird die Landung vorbereitet. Das Tail zeigt stärker als die Nose zum Wasser – das dämft den Aufschlag.

Blindgänger– Blind Judge

Der Blind Judge ist gar kein Blindtrick. Er heißt nur so. Die Bar wird noch in der Luft übergeben – gelandet wird er switch. Manch blinder Juror übersieht das gern. Felix Sorau zeigt, wie es geht

Als Wakeboad-Legende Parks Bonifay diesen Trick erfand, wurde das mit dem Umgreifen noch nicht so genau genommen. Da galt beides. Heute sind daraus zwei Tricks entstanden. Der Raley to Blind und eben der Blind Judge
Beim Raley to Blind wird die Bar auf der Wasseroberfläche gepasst, also nach dem Landen, beim Blind Judge noch in der Luft. Ein Neuner-Schirm ist perfekt. Kleinere Schirme schießen zu schnell an ungewollte Orte, große haben zu viel Querkräfte.
Nach dem Raley reiße ich den Kopf nach hinten. Dadurch entsteht eine vertikale Gegenrotation, so kommt mein Schwerpunkt nach vorne und ich kann ohne viel Kraft die Bar passen.

KÖNNENSSTUFE 6   Das musst Du vorher lernen

Sauberer, „geladener" Absprung ausgehakt

Sicherer, hoher Raley

Surface Handlepass

WAKE STYLER

SLIM CHANCE

Chance? Hauchdünn

Die Slim Chance ist ein ehrlicher Name für diesen Trick: Die meisten Kiter haben eher spärliche Chancen, diesen Move zu lernen. Der Kite-Trophy-Fahrer Felix Sorau zeigt, wie man eine Fat Chance bekommt.

Slim Chance, dürre Chance auf Erfolg – welchen Schwierigkeitsgrad hat die SC in der Trickhierarchie? Die Slim Chance steht in der Schwierigkeit zwischen Blind Judge und KGB. Weil ein Mobe für die meisten noch zu schwer ist, bildet die Slim Chance zusammen mit dem KGB einen sinnvollen Zwischen-Move. Was ist der Unterschied zwischen Slim Chance, KGB und Mobe? Bei der Slim Chance macht man eine Frontroll bis zur Hälfte, dann drehst du in die entgegengesetzte Richtung und gibst die Bar in die andere Hand. Beim KGB machst du eine Backroll, drehst dann in die entgegengesetzte Richtung und greifst die Bar mit der anderen Hand. Wenn man eine Lernblockade hat, was muss man tun? Versuch's nach ei-

1 Felix kantet so radikal wie möglich an, um einen guten Pop und eine gute Rotation einzuleiten.

2 Nun leitet er mit dem linken Bein und den Armen die Frontrotation ein. Besonders wichtig dabei: Die Arme stets angewinkelt lassen.

3 Nun versucht er, den gesamten Schwung, den er im Pop geladen hat, in Rotationsgeschwindigkeit und Schwung nach oben umzuwandeln.

4 Die Frontroll ist nun fast zur Hälfte fertig, Felix beginnt nun die Beine hochzuwerfen und sich an die Bar zu ziehen.

5 Die Frontroll ist nun so weit fortgeschritten, dass er die Gegenrotation einleiten kann und die Beine dabei soweit wie möglich hochdrückt.

6 Jetzt ist die Gegenrotation eingeleitet und Felix steht über Kopf, nun muss er über Kopfsteuerung und ein bisschen Armkraft versuchen, die Bar hinter den Rücken zu bringen.

7 Auch die Backrotation ist nun abgeschlossen. Felix ist bereit, die Bar hinterm Rücken durchzugeben.

8 Der Zeitpunkt der Übergabe ist gekommen, Felix ist im Sinkflug und kann nun die Bar problemlos umgreifen, weil der Schirm jetzt kaum Zug hat.

9 Die Bar liegt in der anderen Hand, und die Lage entspannt sich wieder. Die Beine fallen nun nach unten, Felix beginnt den Landepunkt anzuvisieren.

10 Felix konzentriert sich jetzt auf die Landung, hat den gewählten Landepunkt im Blick und richtet das Board aus.

11 Felix federt die Landung ab. Er fährt ein Stück raum-shots und hakt sich dann wieder ein.

12 Nur noch einhaken und fertig ist der Slimchance. War doch gar nicht so schlimm, oder?

ner langen Trainingsphase einfach mit viel Rotationskraft und angewinkelten Armen. Du musst dich einfach schnell genug eindrehen, um den Punkt, an dem du die Gegenrotation einleiten kannst, zu finden. Der Rest geht dann wie von selbst. Bei jedem Move gibt es Knackpunkte. Wo liegen die beim SC? Wichtig ist, dass du dich schnell eindrehst und die Beine soweit wie möglich nach oben bringst, damit du den Null-Punkt spürst und einfacher die Bar durchreichen kannst. Wichtig ist es auch, die Arme so dicht wie möglich an den Körper zu bringen und immer angewinkelt zu lassen. Die Landung ist dann die leichteste Übung. Welche fahrtechnischen Voraussetzungen braucht man für den SC? Der Handlepass und der Blind Judge sollten schon sitzen. Diese Moves sind wichtig, um das Gefühl fürs „Passen" der Bar (umgreifen) zu bekommen. Und zudem ist es kein Nachteil, die Unhooked Frontroll zu beherrschen und sicher landen zu können.

Freeride
Leistung ohne Druck

Wir kiten nicht, um zu arbeiten, wir arbeiten, um kiten zu können. Vorbei die Zeit des Leistungsdrucks, der „Männer-Kites" mit hohen Haltekräften und einer Depower, die wie eine Fahrradbremse an einem Lkw wirkte. Vorbei der Gruppenzwang, einen Handlepass zu probieren.

FREE RIDER KITEAUFBAU

Jörn legt die Leine nach Luv aus. Der Kite ist mit Brett und Pumpe gegen das Verwehen gesichert.

Damit er beim Leinen kämmen die Bar nicht hinter sich her schleift, sichert er den Chickenloop der Bar an der Board-Handle.

Jörn beschwert ein Ohr des Kites mit Sand, der Kite ist in Windrichtung auselegt. Als Pump Leash kann man auch die Safetyleash am Trapez verwenden.

Vor dem Aufpumpen werden bei allen One-

Jörn dreht den Kite nach dem Aufpumpen auf die Fronttube und beschwert ihn mit Sand.

Start klar

Der Aufbau eines Kites war früher Expertensache: Wenn man Steuer- und Depowerleinen beim Anknüpfen verwechselte, gab's einen Crash. Heute müssen die Piloten nur noch auf die richtige Drucksache achten: Moderne Kites verlangen hohen Luftdruck in den Tubes.

Leinen nach Luv oder nach Lee auslegen? Geschmackssache oder Expertenstreit. Nach Luv auslegen hat einen praktischen Vorteil: Man kann die Bar mit der richtigen Seite in den Sand legen – rot ist immer links. Wickelt man nach Lee ab, muss man die Stange verkehrt herum ablegen. Außerdem, so die Experten, hat der Aufbau von Lee aus den Vorteil, dass man die Leinen nach dem Anknüpfen noch einmal checken kann, bevor der Starthelfer den Schirm aufnimmt. Das Anknüpfen der Leinen ist kein Kunststück mehr – jede Kitemarke hat inzwischen „idotensichere" Anknüpfungen (erfunden hatte das in grau-

Bei Kites ohne Wirbel oberhalb der Centerleine müssen alle vier Leinen sorgfältig getrennt werden.

Wenn die Leinen ausgelegt sind – die beiden Steuerleinen ganz außen, die Depowerleinen innen – werden die Enden mit Sand fixiert.

Pump-Systemen die Klemmen geöffnet. Dann wird mit beiden Händen gepumpt, damit die Pumpe nicht verkantet.

Jörn prüft zuerst grob mit der Hand den Druck in der Tube, dann mit dem Fingerschnalzen. Grundsätzlich gilt: Meist ist der Druck zu gering. Sechs bis zehn psi sind Pflicht.

Nach der Zimmermannsarbeit kommt die Ingenieursaufgabe: Leinen richtig anknüpfen. Steuer- und Depowerleinen kann man nicht mehr verwechseln, aber an den Anknüpfpunkten gibt es immer wieder Ratlosigkeit. Grundsätzlich gilt: Je höher der Knoten am Kite ist, desto kürzer wird die Depower- beziehungsweise Steuerleine. Damit steht sie schneller unter Spannung bei der Bararbeit. Also: Lange Steuerleinen bedeuten weniger Power, kurze Depowerleinen ebenfalls. Wer volle Power will, knüpft hinten am obersten Knoten an, und vorne am untersten.

er Vorzeit North): Schlingen gibt es nur noch für die Steuer- und Knoten für die Depowerleinen (oder umgekehrt). Ein wichtiges, inzwischen sogar das wichtigste Kapitel beim Aufbau ist der Bardruck. In Kiteschulen darf die Fronttube nicht sehr hart aufgepumpt werden, weil sich Einsteiger häufig verlenken und den Schirm aufs Wasser knallen. Lässt sich beim Frontalcrash die Luft noch weiter komprimieren, kommt es seltener zu Tube- und Bladder-Platzern. Könner pressen dagegen soviel Druckluft in die Fronttube, dass sich beim Finger-Schnipser-Test das typische, helle Dong hören lässt. Bei Einzelpump-Kites, so fordert es zum Beispiel F-One für den Bandit, sollten zwölf Psi (1 bar = 14,5 psi bzw. 1 psi = 0,06895 bar) in die Fronttube gepresst werden.

Keinen Streit gibt mehr ums One Pump. Nachdem Slingshot und dann Naish das Zentral-Pumpen (Front- und Quertubes werden über ein Ventil belüftet) narrensicher gemacht machen, wollten andere Firmen diesen Komfort auch bieten. Wichtig: Die über „Arterien" verbundenen Tubes müssen so prall aufgepumpt werden, dass Querfalten in den Quertubes nicht mehr auftreten. Die Abklemmer auf dem Schlauch zur Fronttube sollte man nach dem Aufpumpen immer schließen.

LAUNCH

Start klar

Der Kite auf der Runway: So funktioniert der Launch

Alles ist besser, schneller, sicherer geworden – fast alles. Nur beim Kitestart hilft auch die moderne Technik wenig, wenn der Pilot auf der Runway schläft und der Starthelfer ein Blindgänger ist. Immerhin könnte er bei einem groben Fehler schnell die Bar wegschieben oder – noch sicherer – das Quickreleases (Schnelltrenner) auslösen.

Die wichtigsten Safety-Regeln:
1. Suche Dir immer einen sachkundigen Starthelfer. Passanten sind ungeeignet als Assistenten.
2. Der Starthelfer sollte sich nicht vom Fleck rühren, der Pilot bewegt sich in die richtige Position.
3. Prüfe, bevor Du den Daumen nach oben streckst, ob alle Leinen frei laufen und an den richtigen Punkten festgemacht sind.
4. Nie bei auflandigem Wind mit Hindernissen in Lee starten. Das könnte lebensgefährlich sein.

ACHTUNG – GEFAHR: Dieser Kite steht viel zu weit in Luv und deutlich außerhalb des Windfensters. Indikator: Der Kite flattert wie eine Fahne – es liegt keine Strömung an, der Kite würde in dieser Stellung ins Windfenster getrieben werden wie ein welkes Blatt. Bei diesem Purzeln nach Lee ist der Kite auch nicht steuerbar, der Pilot hätte keinerlei Einflussmöglichkeiten. Tief im Windfenster in der Powerzone würde der Schirm dann wieder Zug entwickeln und den Piloten wegreißen. **Korrektur:** Der Pilot muss weit nach **Luv** gehen,

NEIN, NICHT LOSLASSEN: Auch dieser Kite steht noch zu weit in Luv und damit außerhalb des Fensters. Er wird zwar schon leicht angeströmt, würde aber trotzdem ins Windfenster zurückfallen. **Korrektur:** Der Pilot muss nach **Luv** gehen. Das ist sicherer, als wenn man den Starthelfer nach Lee schicken würde.

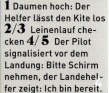

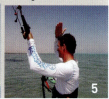

1 Daumen hoch: Der Helfer lässt den Kite los **2/3** Leinenlauf checken **4/5** Der Pilot signalisiert vor dem Landung: Bitte Schirm nehmen, der Landehelfer zeigt: Ich bin bereit.

ZU WEIT IN LUV

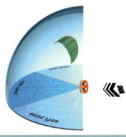 

NEIN, NICHT LOSLASSEN: Dieser Kite steht zu tief im Windfenster. Indikator: Der Schirm drückt gegen den Starthelfer, weil er zum Windfensterrand vorschießen will. **Korrektur:** Der Pilot muss nach **Lee** wandern, bis der Kite nicht mehr drückt.

ACHTUNG – GEFAHR: Ein echter Drückeberger: Dieser Kite will mit aller Macht an den Windfensterrand, weil er viel zu tief in der gefährlichen Zone steht. Er wird sehr wirkungsvoll angeströmt. Würde der Helfer jetzt loslassen oder umgeworfen werden, würde der Schirm in hoher Geschwindigkeit nach Luv fliegen und könnte auf dem Weg nach Luv Personen am Strand gefährden. Deshalb sollte der Pilot nicht lange zögern: **Korrektur:** Der Pilot muss sofort nach **Lee** wandern, bis der Kite nicht mehr drückt.

PERFEKTER STANDORT

ZU WEIT IN LEE

Kite 107

Wir waren schon überall dort Kiten, wo Ihr noch hin wollt!
- ✈ alle Spots persönlich getestet
- ✈ alle Spots mit Videoberichten
- ✈ alle Spots mit professionellen Kitestationen für Schulung und Materialverleih
- ✈ maßgeschneiderte Reisen an alle Spots mit tagesaktuellen Angeboten.

Damit der nächste Kitetrip zum Traumtrip wird.

25 Spots, viele davon von uns entdeckt oder entwickelt zeigen wir Euch im neuen Kitereisemagazin online, gedruckt, auf Video, DVD und BluRay.

Bestellt Euch heute noch kostenlos den 160seitigen Spotguide. Ruft uns an und lasst Euch an die besten Spots verführen!

www.kitereisen.com oder
info@kitereisen.com
persönliche Beratung unter:
+49 (0)89 6281670
Surf & Action Company Touristik GmbH •
Grünwalder Weg 28 g • 82041 Oberhaching

94,7 % Kundenzufriedenheit laut KITE Leserumfrage 2009

Danke!

Kitereisen.com die Nr. 1 der Kitereisespezialisten laut KITE Leserumfrage 2008 und KITE Leserumfrage 2009 mit bester Beratung und bestem Preis-/Leistungsverhältnis*! (*2008)

Kitereisen.com
Euer Reiseveranstalter für Kitesurfreisen

RELAUNCH

Relaunch – der Kite verlässt das Wasser

Früher war der Relaunch die große Hürde vor dem Gleiten. Inzwischen ist fast alles anders: Moderne Kites starten fast allein.

Eine Geschichte aus dem finsteren Mittelalter – des Kitesurfens: Der Schirm lag genau im Wind auf der Fronttube. Der arme Kiter zog nun wie ein Windjammer-Matrose die Steuerleinen und schwamm dann als moderner Fünfkämpfer dem Schirm entgegen. Wenn er schnell genug war, fiel der Kite auf den Bauch und bequemte sich durch kräftigen Zug an der Steuerleine, an den Windfensterrand zu stochern.
Vorbei, vergessen. Die modernen Kites haben fast eine Startautomatik. Das KITE Magazin hat es gemessen. Viele Schirme starten schon unter zehn Knoten (drei Beaufort), fast alle sind bei unteren vier Windstärken längst startfähig. Bei Leichtwind zupft der Kiter kurz an der Centerleine (Leine, die durch die Bar zum Chickenloop führt), der Kite fällt um und beginnt spätestens nach einem Lenkimpuls über die Steuerleine, an den Windfensterrand zu krabbeln. Ob er links oder rechts wandert, sollte man ihm überlassen, es sei denn, man gefährdet andere. Am Rand obere Leine ziehen, und der Kite schält sich aus dem Wasser

VORWIND Der Kite steht platt vor dem Wind auf der Fronttube, die Ohren schweben in der Luft – der Kite kann jetzt zum Windfenster wandern. Bei den Deltas – hier Bandit Dos – wandert der Kite allein. Bei anderen Kites schlägt man die Bar ein oder zieht an der Steuerleine (hier: rechts).

1 Auch wenn der Pilot schwimmt, wandert der Kite zum Windfensterrand

2 Er zieht nun kurz an der oberen Steuerleine – und der Kite verlässt das Wasser.

1/2/3 Leichtwindstart: Thomas rand unterstützt er mit kräftigem

WANDERN ZUM RAND Der Kite marschiert zum Windfensterrand. Dieses Wandern unterstützt der Pilot bei Leichtestwind durch Ziehen an der Steuerleine oder durch Bar-Einschlagen – in unserem Beispiel durch simples Warten. Die Delta-Hersteller nennen das auch gerne den Autostart. Wenn der Kite am Rand angekommen ist, gibt man ihm ein sanftes Startsignal über die obere Steuerleine – und der Schirm steigt am Rande des Windfensters kontrolliert auf. Manche Relaunch-Monster-Kites sind so fluggeil, dass sie bereits in der Softzone das Wasser verlassen wollen. Das ist bei leichten Winden kein Problem, bei stärkerem Wind sollte der Pilot den Kite durch Zug der unteren Steuerleine am Aufsteigen hindern, bis der Schirm den Windfensterrand erreicht hat. So ist gewährleistet, dass der Kiter nicht durch den Kitezug nach Lee gerissen wird.

zieht die Centerleine, damit der Kite von der Tube auf den Bauch (belly up) fällt. **4/5** Das Wandern an den Windfenster-Bareinschlag (oder Steuerleine ziehen). **6** Am Windfensterrand gibt er das Startsignal, in dem er kurz die Bar links zieht.

EIN STEIGER BODYDRAG

Kiten in der Waagerechten

Der Bodydrag, das Kiten auf dem Bauch, ist die Vollwasch- und Vollspaßvariante zum Erlernen der Kitesteuerung – und später zur Boardsuche.

Eigentlich braucht man gar kein Board zum Kiten. Das Surfen auf dem Bauch ist bereits der große Spaß: Man gleitet auf dem Bauch, eingehängt ins Trapez und führt den Kite an der langen Leine spazieren. Aha, so also fühlt sich ein kräftiger Lenkeinschlag an.

Viele Kiteschulen halten die Flugübungen am Strand mit kleinen Matten für durchaus entbehrlich, weil man die volle Kraft des originalen Kites im Wasser viel besser spürt.

Warmes Wasser mit möglichst kleinen Kabbelwellen vergrößert das Vergnügen. Süßwasser ist bei den kräftigen Schlucken, die der Neuling aufschnappt, auch bekömmlicher.

Der Kiteloop ist die Krönung der Flugschule in Bauchlage. So lernt man spielerisch die Kraft des Kites beim Flug durch die Powerzone kennen – und wird dabei noch frisch geduscht.

Übrigens kann man beim Bodydrag gleich den Drag zum Board lernen. Wer sein Board beim Sturz verloren hat, muss mit Bodydrag nach Luv kreuzen: Einen Arm nach vorne strecken als virtuelle Boardkante, Beine lang machen, und den Kite tief an den Windfensterrand stellen. Dann ein Schlag nach links, einer nach rechts, und das Board taucht plötzlich auf.

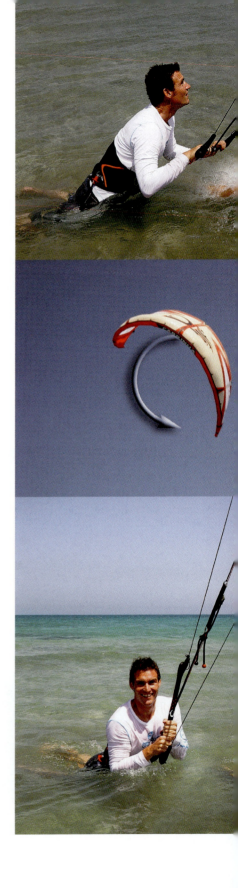

Am Gesicht von Jörn Kappenstein sieht man schon: Der Bodydrag, das Kiten in der Horizontalen, ist der pure Spaß. Der Einsteiger oder besser Anlieger fliegt dabei den Schirm in schnellen Achten durchs Windfenster – zuerst von 11 Uhr bis 1 Uhr und zurück, später näher am Wasser von 10 Uhr bis 2 Uhr. Der Anfänger lernt so, die Lenkbefehle richtig zu dosieren und macht Bekanntschaft mit den Zug-Verhältnissen im Windfenster.

Nicht nur Einsteiger, auch Aufsteiger sollten sich mal probehalber flachlegen: Den Kiteloop lernt man am besten im Labor. Jörn zeigt hier den Loop im oberen, also weniger zugkräftigen Windfensterbereich. Mit deser Methode lernt der Loop-Lehrling auch, die Kreisel-Größe durch die Griffart zu bestimmen – je näher die Hände an der Centerleine sind, desto kleiner werden die Loops.

EIN STEIGER WASSERSTART

Wasserstart – Schritt ins Leben

Der Wasserstart ist wie die Führerscheinprüfung. Vorher bist du ein Nichts am Fahrschul-Lenkrad, nachher bist du der König der Pedale. Vor dem Wasserstart bist du ein Fisch, der an fünf Schnüren hängt, nach dem ersten Wassserstart bist du der Boss auf dem Brett.

Der Wasserstart ist eigentlich der Start ins Kiterleben. Viele Kite-Philosophen haben ihn schon mit den Initiationsriten von Urvölkern verglichen. Wenn du dich aus dem Wasser löst und aufs Brett steigst, dann gehörst erstmals sichtbar dazu: Du fährst, du bist ein Kiter. Bei keinem anderen Manöver ist die Freude so groß, kein anderer Move wird mit solchen Freudenschreien begleitet.

Der Jubel war früher vielleicht noch stärker, weil der Weg zum ersten Wasserstart noch qualvoll war. Kites, die wie drei brünstige Stiere zogen, Boards, die so fett waren wie Wellenreiter, und Lehrer, die oft nur zehn Stunden Lernvorsprung hatten.

Inzwischen ist wahr, was früher behauptet wurde: Ein durchschnittlich begabter Einsteiger lernt in den ersten zehn Stunden den Wasserstart: Die Boards sind nur noch zwischen 140 und ein 150 Zentimeter lang und hauchdünn, so dass auch ein zartes Mädel die Kante leicht ins Wasser drücken kann. Die Kites haben ein riesiges Kraftpotenzial mit feinster Dosierung. Und die Vermittlung durch die Lehrer ist viel besser geworden.

Thomas Beckmann verfolgt in seinen Kite-Centern beim Lehren des Wasserstarts in wichtigen Lehr-Details andere Strategien als die konventionellen Lehrinhalte.

Der Kite-Rookie vor dem vielleicht wichtigsten Moment seiner Karriere – dem Einlenken des Schirms in die Powerzone und dem folgenden Lift aufs Brett.

Die Basics für das Wassestart-Training
- Der Fahrer liegt im Wasser mit dem Brett quer zu den Leinen
- Die Knie und Hüfte sind stark gebeugt (mind. 90 Grad)
- Unterarme haben Kontakt zu den Knien und bilden eine „feste Verbindung". Der Körper ist angespannt und so bilden der Unter- und Oberkörper eine Einheit. Kurz bevor der Kiter den Wasserstart einleiten will (Vorstartposition) kommen folgende Punkte hinzu:

KÖNNENSSTUFE 1 Das musst Du vorher lernen

Schirmsteuerung: dosierte Lenkbewegungen

Boardsteuerung: Brett blind dirigieren

Koordination von Board- und Schirmkontrolle; blind den Kite im Zenit halten beim Schlüpfen in die Fußschlaufen

Kite 115

EINSTEIGER
WASSERSTART

1   2   3   4   5

● Der Kite befindet sich auf 12 Uhr/Zenit
Vorteile:
● Automatisch richtige Ausrichtung des Boards bei Kitesteuerung.

Merkmale des guten Wasserstarts: Ein- und Auslenkbewegung beim Wasserstart
● Die Lenkbewegungen während des Wasserstarts sollten grundsätzlich stark ausfallen.
● Es besteht kein zwingender Zusammenhang zu der Stärke der Lenkbewegung und der zu erzeugenden Kraft. Wichtig: Es besteht eine wechselseitige Beziehung (Interdependenz) zwischen den beiden Parametern a) Ausprägung (Stärke/Ausmaß) der Lenkbewegung und b) Länge (Zeit) der Lenkbewegung.
● Die Länge (Zeit) der Lenkbewegung wird häufig fälschlicherweise zum Ausgleich einer schwachen Lenkbewegung eingesetzt. Problem: In der Einlenkbewegung zum Wasserstart wird häufig zu schwach eingelenkt. Die Folge ist, dass der Kite erst durch seine hohe Fluggeschwindigkeit die nötige Kraft erzeugt. Diese Kraft hat dann aber den Nachteil einer nahezu horizontalen Ausprägung. Diese Kraftrichtung ist aber schwerer zu kontrollieren. Damit wird das Aufsteigen auf das Board, sowie das Aufnehmen von Geschwindigkeit erschwert. Eine zu schwache Ein- und/oder Auslenkbewegung hat zudem den Nachteil, dass der Kite nach der geflogenen Sinuskurve des Wasserstarts bereits die Zone der optimalen Kraft im Windfenster durchflogen hat und damit zu weit Richtung Windfensterrand geflüchtet ist. Je unterpowerter der Kiter ist, desto höher ist die Ausprägung dieser falschen Steuerung.

Richtig geht es so: Der Kite wird mit einer starken Ein- und Auslenkbewegung während des Wasserstarts gelenkt. Durch die starken Lenkbewegungen erzeugt der Kite bereits im oberen Drittel des Windfensters die richtige Kraft zum Aufsteigen und Losfahren.

Das Aufsteigen auf das Board erfolgt aktiv. Merksatz: Nicht „der Kite zieht mich hoch", sondern: „Ich steige auf das Board auf". Die starke Hocke (mindestens. 90 Grad Hüft- und Kniewinkel) ermöglicht ein Aufsteigen schon mit geringer „Kite-Kraft".

Die Vorteile: Durch das kraftsparende Aufstehen entsteht weniger Kraft im System aus Zug des Kites und Widerstand des Kiters. Bei einer „Überdosierung" der Kraft durch das Einlenken sind die „Abflüge" gemäßigt. Zudem kann nach dem frühen Lift die Rücklenkbewegung bereits zur Beschleunigung genutzt werden.

Kurs des Boards: So baut man Überpower ab

Das Board wird direkt im Moment des Lifts auf einen Raumwindkurs ausgerichtet (Aufstehen über den vorderen Fuß). Da das Board in diesem Moment eher plan gestellt wird, vermindert sich der Widerstand des Boards, es wird eine Beschleunigung in die gewünschte Fahrtgeschwindigkeit unterstützt. Praktisch formuliert: Beim Aufstehen unbedingt das vordere Bein strecken – dadurch zwingt man das Board automatisch auf einen Raumwindkurs. Dieses Bein-Strecken ist für viele Kiter, die sonst oft über das Brett gezogen werden, der Schlüssel zum Erfolg.

Da der Wasserstarter dabei dem Kite hinterherfährt, verschlechtert sich allerdings die Lenkbarkeit des Kites (Die Strömung am Kite vermindert sich, und die Leinenspannung lässt nach).

Deshalb ist es sehr wichtig: Nur eine „kleine Kurve" fahren und danach direkt Richtung Amwindkurs anluven. Um bei Bedarf mit einer weiteren Sinuskurve zu beschleunigen.

Zur Motivation nach Fehlversuchen sollte sich der missmutige Wasserfehlstarter immer wieder vor Augen halten: Wenn der Start mal klappt, dann stehen dir alle Möglichkeiten offen. Das ist so ein bisschen wie die Führerscheinprüfung.

1/2 Der Kite macht vor dem Start einen kleinen Ausflug in die andere Windfensterhälfte. Dieser Schlenker verleiht dem Schirm mehr Power beim folgenden Runterlenken. Vorsicht: nicht zu weit nach hinten lenken, weil sonst das Brett zu weit auf raumen Kurs mit Wind von schräg hinten gerät.

3 Thomas beginnt jetzt mit dem energischen Einlenken an der Bar. Dabei zieht er sehr stark an der linken Seite.

4 Der Kite stürzt in der Powerzone Richtung Wasser, er beginnt jetzt, einen satten Zug zu entwickeln

5 Der Kite zieht Thomas nun aus dem Wasser. Das vordere Bein streckt er jetzt durch, damit das Board sich auf einen Raumschotkurs (Wind schräg von hinten) ausrichtet.

6 Der Schirm hat noch nicht mal die Hälfte der Strecke zum Wasser verbraucht, und der Pilot ist bereits dabei, das Wasser zu verlassen.

7/8/9 Jetzt kommt ein sehr wichtiger Augenblick: Weil Thomas so früh aufgestiegen ist, kann er bereits jetzt den Schirm wieder nach oben lenken. In dem Sekundenbruchteil der Richtungsänderung läßt der Zug deutlich nach. Auf der Strecke nach oben ist die Power ebenfalls reduziert.

10 Dass auf dem Weg nach oben wenig Zug herrscht, sieht man an dem Tiefgang des Boards. Höchste Zeit, wieder nach unten auf die Powerstrecke zu lenken.

11 Sobald der Starter Geschwindigkeit aufgenommen hat, kann er die Kante setzen und anluven.

mauritius
barbados
brasilien
el yaque
cabarete
ras sudr
safaga
kapverden
djerba
marokko
tarifa
alacati
golf de roses

photo by: daniel buecking, dirk hanel, location: djerba l tunisia

FREE RIDER HÖHELAUFEN

Stefan prügelt hier Höhe. Im Kabbelwasser hat der die Boardnase aus dem Wasser genommen, in dem er das vordere Bein durchstreckt. Die Bar steht genau am Sweet Spot. In dieser Stellung liefert der Schirm den besten Vortrieb bei geringstmöglichen Haltekräften. Die Bar voll heranzuziehen bedeutet: Der Schirm erzeugt mehr Widerstand und fliegt deshalb nicht so weit an den Windfensterrand vor.

Feinmechnik an Bar und Board

Höhe laufen, zwei schlichte Worte, eine Welt für sich: Nur wer wieder zum Startpunkt zurückkehren kann, darf von sich sagen: Ich kann kiten. Höhe laufen ist Spaß, Sicherheit und sportliche Herausforderung. Wir müssen aber auch hier ein paar Legenden zertrümmern.

Elegant und stylisch hat der Könner das hintere Bein angewinkelt, das vordere gestreckt. Das ist auf dem Komfortkurs völlig in Ordnung. Sobald man aber richtig Höhe knüppeln muss, weil man ein Ziel erreichen will, um ein Hindernis zu umfahren oder auf einem Contest-Kurs kreuzt, sollte man eine möglichst lange Kante ins Wasser bringen. Denn jeder Zentimeter Rail reduziert die Abdrift wie ein Schwert oder ein Kiel an einem Boot.

Streckt man nun das vordere Bein durch, hebt sich, wie im Bild unten, die Nase des Boards – der Kiter verliert wertvolle Schwertfläche. Deshalb rät Thomas Beckmann, das Board mit beiden Beinen gleichmäßig zu belasten. Übrigens ist übermäßiger Druck aufs Heck auch schlecht fürs Angleiten, weil das Board nicht frei gleiten kann. Der Fachmann sagt: Das Heck gräbt sich ins Wasser. Der Blick zurück sagt dem Kiter: Hier wird Auftriebsenergie vernichtet.

Wie hoch ein Kiter an den Wind gehen kann, hängt neben dem Wind vor allem vom Board ab. Dass längere Bretter mit langer Führungskante natürlich besser Höhe laufen als kleine Schnittchen, weiß jedes Kind. In Revieren mit unsicherem Wind sollte man also lieber zum 145 oder gar zur Door greifen.

Auch der Kite spielt beim Höhelaufen natürlich eine Rolle: Er sollte nicht zu hoch geflogen werden, weil so wertvoller Vortrieb in unerwünschten Auftrieb verwandelt wird. Wie tief der Kite im Windfenster steht, hängt – das haben wir bereits gelernt – vom Wind, von der Kitegröße und natürlich von der Kantenbelastung ab. Stärkerer Wind erlaubt mehr Höhe. Je schneller der Kiter am Wind fährt, desto schlechter wird der Winkel zum Wind. Die Geschwindigkeit lässt sich über die Kante regeln.

Gut bei Kabbelwasser, schlecht für optimale Höhe: Die Brettnase in der Luft fehlt als Abdrifthemmer

120 Kite COLLEGE

Ein ungleicher Kampf, beschwerte sich hinterher Thomas Beckmann. Dirk Hanel fordert mit seinem Raceboard zum Matchrace heraus. Das Board hat nicht nur eine lange Führungskante, sondern auch zwei über 20 Zentimeter lange Finnen, die viel Auftriebsarbeit übernehmen. Um das Board in eine optimale Gleitlage zu bringen, steht er mit dem hinteren Fuß vor der Schlaufe. Damit der Kite strömungsgünstig möglichst weit an den Windfensterrand fliegen kann, depowert er den Schirm in der Angleitphase stark. Wir lernen also daraus: Dem Kiter mit dem längsten Board scheint die Höhensonne.

EIN STEIGER

WENDE

Textilwende

Sie ist feucht und langsam – aber ungemein sicher: Und man perfektioniert den Wasserstart

Den Namen Textilwende hatte das KITE Magazin in grauer Vorzeit aus dem Snowboarden rübergeholt: Bei den Hangrutschern halfen sich die Boarder, die in schwierigem Gelände Angst vor einem Turn hatten, gerne mit Hosenboden-Turn. Die Textilwende hat ihren Namen also von der nassen Hose, die sich der Kiter mit dieser intelligenten Sicherheitswende holt. Ohne diese Wende mit anschließendem Wasserstart wären die ersten Meter der Einsteiger meist mit einer Bootsrückfahrt verbunden.

Die Knackpunkte bei der Textilwende: Das Zurücklenken des Schirms in den Zenit. Wenn man den

1/2 Stefan bremst die Fahrt durch Querstellen, das heißt durch extreme Heckbelastung, ab – übrigens eine Fertigkeit, die man auch für den Notstopp gut gebrauchen kann. Dabei lenkt er wie bei der Straßenbahnwende den Kite langsam in den Zenit. Die Lenkbewegung muss dosiert sein, weil der Fahrer sonst Lift bekäme und abheben würde.

3 Das Brett ist zum Stillstand gekommen, der Schirm steht im Zenit. Jetzt kann sich Stefan entscheiden: Lieber auf Nummer Sicher gehen und absitzen, oder stehen bleiben und die Straßenbahnwende zu versuchen (siehe nächste Seiten).

4 Er sitzt also lieber ab – was jetzt folgt, ist ein normaler Wasserstart. Beine anwinkeln und den Powerdive starten: den Kite tief und schnell in die Powerzone lenken.

6/7 Aufstehen, Kite rechtzeitig wieder hochlenken – und fertig ist die feuchte Wende.

Schirm zu schnell auf 12 Uhr fliegt, fliegt man ab – man macht die ersten Vorübungen fürs Springen. Also ganz gemächlich den Schirm aus der 10,30-Fahrposition zurücklenken und im Zenit parken. Während dieser Lenkphase müssen aber auch die Füße aktiv werden: Durch extreme Heckbelastung lenkt man das Board nicht nur auf einen radikalen Am-Wind-Kurs, sondern bremst auch das Board vollständig ab. Wenn der Kiter dann absitzt, hat er das Board bereits in der richtigen Wasserstart-Position. Nun orientiert er sich in die neue Richtung und muss nur noch den Wasserstart folgen lassen: Knie anwinkeln, bei den ersten Versuchen noch die Ellenbogen auf die Knie stellen, und den Kite tief in die Powerzone zum Beinahe-Absturz bringen. Aufstehen und Kite hochlenken.

Bleibt nur noch das Problem mit dem nassen Textil. Aber das trocknet im Fahrtwind schnell.

STRASSENBAHNWENDE

Aus Heck wird Bug

Vorwärts - rückwärts: Die Straßenbahnwende ist der einfachste Richtungswechsel – und dazu spart er noch Höhe. VDS-Lehrteamer Stefan Fuhrmann führt sie uns vor.

Irgendwann muss jeder zurück. Für die Kehrtwende hat der Aufsteiger drei Möglichkeiten. Erstens die Textilwende: Hintern ins Wasser, Schirm in die andere Windfensterhälfte fliegen, wasserstarten. Zweitens: auf das Rettungsboot warten. Drittens: die Straßenbahnwende. Sie ist die schönste, die trockenste und die schnellste der drei Optionen. Und die einfachste unter allen Umkehr-Moves. Das Manöver funktioniert wie bei der Straßenbahn: einfach auf dem gleichen Gleis ohne Kurve zurückfahren. Der Fahrer bleibt auf der Backsidekante und muss während des Richtungswechsels lediglich den (alten)

1 Stefan bremst die Fahrt brutal ab, in dem er massiv aufs Heck steigt. Gleichzeitig fliegt er den Kite langsam in den Zenit – mit der Betonung auf langsam.

2 Wie schon in Bild 1 würgt er über die Heckbelastung die Geschwindigkeit ab. Mit dieser Vollbremsung hat er das Board auf einen radikalen Am-Wind-Kurs gebracht, der nachher ein tiefer Raumwindkurs wird. Der Kite steht jetzt im Zenit. Stefan hat, um unerwünschten Lift zu vermeiden, den Kite depowert.

3 Jetzt verlagert er das Gewicht vom hinteren auf den ehemals vorderen Fuß.

4 In dieser prekären Lage mit fast Nullfahrt powert Stefan den Kite an.

5 Um in die andere Richtung Fahrt aufzunehmen, lenkt Stefan den Schirm nun radikal wie beim Wasserstart in die andere Windfensterhälfte.

6/7 Wenn er wieder Fahrt aufgenommen hat, luvt er an und wechselt auf den Am-Wind-Kurs.

Bug be- und den neuen Bug entlasten. Alles andere machen die Hände und Arme.

Das Schwierigste an dem Move: Die Geschwindigkeit auf den Nullpunkt zu bringen (den Rückwärtsgang legt man ja auch nicht während der Fahrt ein). Dazu belastet der Pilot das Heck und fliegt den Schirm langsam von 11 Uhr Richtung 12 Uhr. Jetzt muss er das Heck noch mal belasten (Gewicht nach hinten), um das Board auf einen extremen Am-Wind (beziehungsweise später) Downwindkurs zu stellen.

Gleichzeitig muss er die Bar runterziehen, damit der Schirm im Zenit den Fahrer trägt. Ab jetzt orientiert sich der Fahrer in die neue Richtung: Er schmeißt die Hüfte von hinten nach vorne, streckt das hintere und winkelt das vordere Bein an - und hat damit auch schon das Gewicht verlagert. Nun muss er nur noch den Schirm wie beim Wasserstart abstürzen lassen und wieder – die ersten Meter auf Downwindkurs – anfahren. Dann setzt er die Kante und geht auf den neuen Am-Windkurs.

FREE RIDER — CARVING

Carving: Slalom ohne Schnee

Auf gefrorenem Wasser ist der Slalom die Disziplin der Filigran-Techniker. Auf Wasser im flüssigen Zustand vermitteln die gecarvten Halsen ein Kurvenerlebnis wie auf dem Snowboard – Steilwand-Feeling inbegriffen.

Carven ist Wintersport ohne Handschuhe, Snowboarden ohne Lift, Abfahrt ohne Hang. Wer Höhe vernichten muss, wird seinen Downwinder als Slalom durchcarven: In den engen Kurven sozusagen auf der letzten Rille des Boards erlebt der Kiter erstmals hautnah, was die Kante alles halten kann. Er fühlt sich wie ein Motorradfahrer in extremer Kurvenlage. Nur ist diese Veranstaltung auf dem Wasser nie gefährlich. Im Slalom lernt der Kiter also die perfekte Kantenkontrolle und das Umkanten von der Luv- auf die Leekante.

Slalomfahren ist die ideale Vorübung für Halsen und eine genial zwangsweise Einführung ins Switchfahren. Denn bei weiten Kurvenradien sind die Slalomkurven nichts anderes als aneinander gereihte Halsen mit Switch-Passagen. Beim Slalomfahren fährt

1/2 Der Kite hütet das Geheimnis einer engen Kurve: Christian lenkt den Kite rechtzeitig um, dann kann er sich in die Kurve legen, nur einspitzeln darf er nicht, ganz wie beim Powdern mit dem Snowboard

3 In der Kurve achtet er darauf,, dass der Kite nicht zu weit an den Windfensterrand fliegt.

4 Bei der Ausfahrt aus der Kurve stellt sich Christian auf die Kante – diesmal in der Switch-Position. Dazu stemmt er das hintere Bein in das Brett. Der Schirm hat durch denn radikalen Kurs genügend Druck im Tuch.

5 Sobald er auf dem Halbwindkurs angekommen ist, wird der Schirm wieder umgelenkt–aber Vorsicht: nicht zu schnell, sonst wird die Kante ausgehebelt und das Brett verliert den Kontakt zum Wasser. Dann sind die angesparten „Höhenmeter" auf einen Schlag dahin.

6/7/8 Die Halse aus der Switch-Position lässt sich noch enger gestalten, da es Kiter und Brett fast von selbst in die Normal-Position zieht

9 Das Spiel kann Christian beliebig lange fortsetzen, je nachdem, wie reich er an Höhe ist.

man öfter dem Schirm hinterher. Deshalb sollte man nicht unterpowert unterwegs sein. Auch ein breiteres Board mit hohem Durchgleitpotenzial ist hilfreich.

SWITCH FAHREN

Zehen waschen

Wir behaupten jetzt frech: Switch fahren auf der Frontside-Kante ist einfacher als Fahren auf der Backside-Kante. Switch ist ein uralter und taufrischer Trick.

Switch sieht immer etwas posig aus. Es gibt Spezialisten, die das in Strandnähe so stylisch produzieren, dass die Mädels neugierig werden – bei passender Windrichtung kann man ihnen sogar zublinzeln, weil das Gesicht nicht zum Schirm zeigt, sondern zum Beach. Aber im Ernst, Switch ist vielleicht der älteste Freestyle-Move des Kitesurfens. Hat er langsam ausgedient?

Switch hatte in den frühen Jahren seiner Geschichte bestimmt eine höhere Relevanz, weil auch die weltbesten Kitesurfer ihre Techniken mit dieser Form des Fahrens kombiniert haben. Zudem sind in den Anfangsjahren des Kitesurfens die Boards, ähnlich den Surfboards, nur eindirektional gewesen. Wenn man also nicht bei jedem Richtungswechsel auch einen umständlichen Fußwechsel vollführen wollte, musste man Switch fahren können. Nun, in der Zeit der bidirektionalen Boards ist es nicht zwingend notwendig, Switch fahren zu können, aber ein guter Kitesurfer sollte trotzdem mindestens auf einer Seite kontrolliert Switch fahren können, sonst verliert er 30 Prozent der möglichen Tricks des Sports. Das Gute daran: Grundsätzlich ist Switchfahren nicht schwerer, als es das Fahren auf der Backside-Kante (Hacken-Kante) ist. Switchfahren ist ei-

Springen oder tellern? Jörn führt oben den kleinen Chicken Jump mit Drehung in Switch vor – eigentlich der einfachere Switch into switch, weil man nicht verkantet. Unten führt uns Thomas das Tellern vor. **1** Mit einer relativ hohen Schirmposition bereitet sich Thomas auf den Kantenwechsel vor. Das Brett wird nun kurzzeitig stärker aufgekantet. Belastung auf dem hinteren Bein. **2** Direkt nach der kurzen Kantenbelastung folgt nun eine „Hochentlastung" (Auf-

richten) und der Belastungswechsel auf das neue hintere Bein. **3** Gerade in der Anfangsphase ist es wichtig, das Board nach der Drehung zuerst auf Raumwindkurs auszurichten. Dies erleichtert das neue „Finden" der Kante und bringt die Geschwindigkeit zurück, die in der Vorbereitung durch Kanten-Mehrbelastung verloren wurde.

SWITCH TRICKS

BACKROLL INTO

gentlich einfacher als die normale Fahrposition?

Ja, eigentlich ist Switch ja nichts anderes, als auf der Frontside (Zehenkante) zu fahren. Wenn man zum Snowboarden blickt, dann stellt man schnell fest, dass ein geschnittener Schwung auf der Frontside-Kante von Schülern schneller beherrscht wird als der auf der Backside-Kante. Gründe dafür gibt es viele, aber einer ist in jedem Fall die bessere Schwerpunkt-Kontrollierbarkeit. Aus diesem Grund sieht man auch eher wenige Drahtseilartisten auf den Hacken laufen. Beim Kitesurfen wird das Fahren auf der Frontside-Kante (Switch) allerdings dadurch erschwert, dass die Zug- und Blickrichtung des Fahrers vom Kite abgewandt ist – das mindert die Kontrollierbarkeit des Kites.

Welche fahrtechnischen Voraussetzungen braucht man fürs Switchfahren?

Ausschließlich Höhe halten und Höhe gewinnen, denn Switchfahren vernichtet im Anfangsstadium viele kostbare Meter. Bis man in der Lage ist, in Switch ähnlich gut Höhe zu laufen wie in der normalen Fahrposition, vergehen schon etliche Kilometer.

Wo liegen die Knackpunkte beim Switchfahren - welche typischen Fehler machen die Switch-Neulinge?

Der Switch-Anfänger erzeugt aus Vorsicht zumeist zu wenig Power mit dem Kite. Das ist aber völlig in Ordnung, und ich wünsche es mir nicht andersherum. Sonst hätten wir viele gefährliche Lee-Raketen .

1 Thomas leitet die Backroll mit einem impulsiven Kanteneinsatz über den hinteren Fuß ein und lehnt dabei den Oberkörper deutlich nach hinten an der Zugrichtung der Leinen vorbei. **2** Das

FRONTROLL ONE HAND INTO SWITCH

1 Direkt nach dem Absprung verlagert Jörn sein Körpergewicht auf den vorderen Fuß. Zeitgleich löst er seine Hand und greift die Nose des Boards. **2/3/4** Durch die Gewichtsverlagerung und den Nosegrap ist die Rotation schon eingeleitet. **3** Achte bei der Rotation darauf, dass Du nicht zu stark mit der hinteren Hand den Kite zurück lenkst. Für

SWITCH

Board wird weiter auf die Kreisbahn beschleunigt und nach hinten oben „getreten". Dadurch wird Thomas' Oberkörper an den Leinen vorbei beschleunigt. **3-5** Die Rotation wird noch durch das leichte Anwinkeln der Beine beschleunigt. **6** Thomas sucht schon jetzt den Landeplatz und verlangsamt durch das frühe Aufstrecken des Körpers die Rotation. **7/8** Jetzt kommt der entscheidende Dreh: Er rotiert noch einmal um 180 Grad auf die Frontside-Kante. Zur Unterstützung der Drehung setzt er den rechten Arm ein.

den eleganten Schwebeflug ist es wichtig, dass der Kite in dieser Phase noch immer über Dir steht. **5** Jörn setzt jetzt die freie Hand zur Fortsetzung der Rotation ein. **6/7** Die Landung in Switch ist nach diesem Kreisel nicht ganz einfach, weil man die Rotation im richtigen Augenblick abbrechen muss, um auf einem raumen Kurs aufzusetzen.

HALSE INTO SWITCH

Königskurve

Eine Halse ist das kompletteste Manöver auf dem Wasser. Und dabei noch das eleganteste. Steilwand-Feeling inbegriffen.

Eine Halse ist wie eine Oper: Das ganze Leben in vier Akten. Fast alles, was ein Kiter zumindest auf dem Wasser können muss, steckt in dem eleganten Richtungswechsel.

In einer Halse gibt es eine dramatische Ouvertüre, einen Zweikampf mit dem Kite, eine überraschende Wendung und dann zum Finale die glückliche Vollendung des Kite-Richtungswechsels und des Fahrer-Kreisels. Manchmal geht's aber auch dramatisch aus – da liegen dann Fahrer und Kite quasi tot auf dem „Bühnenboden". Soweit zum Bild mit der Oper.

Die verschiedenen Skills, die Fahrtechnik-Elemente, die es zu beherrschen gilt, sind nicht von schlechten Eltern?

Das gilt besonders für Switchfahren. Dieses Fahren mit dem Rücken zum Kite sollte man so gut beherrschen wie die Normalfahrt. Natürlich hat fast jeder eine ausgeprägte Schokoladenseite, da wir jedoch beim Kitesurfen abwechselnd den linken und rechten Fuß vorne haben, sollte man diese technische Grundlage eben auf beiden Seiten gleich beherrschen, ansonsten sind die Varianten mal eben halbiert. Auf der schwächeren Seite kosten das zumeist viel Zeit, aber es lohnt sich.

Eine Halse ist einer der elegantesten Moves, verbunden mit hohem Nutzwert: Fast wie ein Ski-Schwung im ewigen Pulver – dazu bietet eine Halse noch eine echte Sensation, wie die Franzosen sagen, Empfindungen wie in der Steilwandkurve mit einem Motorrad...

Wenn man geschnittene Halsen in Perfektion beherrscht, dann stellen sie von der Dynamik und Attraktivität sogar viele Sprünge in den Schatten. Nicht zu vergessen, die Halse ist auch immer die Eintrittskarte in das Wellenabreiten. Wer keine richtigen Halsen auf der Kante beherrscht, der wird auch in der Welle nicht mit dem Abreiten glänzen.

HALSE INTO SWITCH

Thomas hat hier die normale Fahrt bereits verlassen und die Halse eingeleitet. Der Kite hatte eine Ausgangsposition von etwa 13 Uhr bis 14 Uhr und wird Richtung Zenit gelenkt, bevor das Board auf einen Raumwindkurs ausgerichtet wird.

2 Die Lenkbewegung Richtung Zenit wird aufrechterhalten und das Board weiter auf der Frontside-Kante auf Vorwindkurs gesteuert. Wichtig: Der Kite fliegt, bis er die Windfensterhälften wechselt, zwischen 10 und 40 Grad voraus..

3/4/5 Der Kite hat nun den Zenit durchflogen, und Thomas reagiert mit einem viel stärkeren Lenkimpuls, damit der Kite vom Zenit aus Richtung Wasser geflogen wird, ähnlich der Einlenkbewegung beim Start. Das Board wird noch konse-

quenter auf die Kante gebracht, um den Kite nicht weiter vorausfliegen zu lassen.

6 Der kritische Moment, denn nun muss die Zugrichtung des Kites zügig gekreuzt werden, damit der Amwindkurs erreicht wird, bevor der Kite die neue Softzone durchfliegt.

7 Das Board ist vorausgedreht, und der Blick geht schon in die neue Fahrrichtung, um eine noch stärkere Kantenbelastung zu erzeugen. Der sich im Sturzflug befindliche Kite wird nun bereits wieder nach oben gelenkt.

8/9/10 Thomas fährt den letzten Teil der Halse einhändig, da er so noch besser die Belastung auf die Frontside-Kante bringen kann und den Kurvenradius nochmals verkleinert.

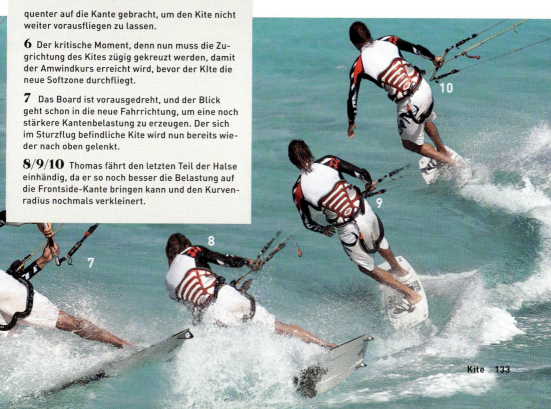

HALSE AUS SWITCH

Jetzt müssen wir auch die alte Streitfrage klären, welche Halse denn leichter ist, die Variante auf normaler Kante in die Halse rein und switch, also verkehrt herum, wieder raus. Oder in Switch drehen und dann auf der richtigen Kante wieder rausfahren. Mit welcher Variante sollte der Halsenschüler anfangen?

Ist das tatsächlich eine Streitfrage? Die Antwort ist ganz einfach: Es gibt keine universelle Antwort auf diese Frage, denn die Kitesurfer sind in ihren Voraussetzungen zu unterschiedlich. Wir gehen an die Frage mal etwas anders heran. In beiden Varianten werden verschiedene Fertigkeiten unterschiedlich stark vorausgesetzt. In jedem Fall sollte man mit dem „Schokoladen-Fuß" vorne um die Kurve fahren. Hierbei ist es erst einmal egal, welche Variante trainiert werden soll. Dann sind Vorerfahrungen abzufragen. Ein guter Snowboarder kommt häufig schneller in eine dynamische Halsenvariante, wenn er in die Switchposition halst, denn das Fahren von geschnittenen Schwüngen auf der Frontside-Kante (Switch) ist beim Snowboarden um einiges leichter als auf der Backside. Aus diesem Grund ist es bei den meisten Snowboardern auch besser ausgeprägt – das gleiche gilt für Skateboardfahrer. Bei weniger Erfahrenen lasse ich zuerst auf Switch drehen. Hierbei ist aber darauf zu achten, dass diese Fahrt zur Beginn nur auf einem Raumwindkurs stattfinden sollte und diese Fahrt kurz zu halten ist, bevor es dann bereits auf der neuen „richtigen" Kante um die Kurve geht.

HALSE AUS SWITCH

1/2/3 Der Kite wird in einer 13-Uhr-Position geflogen. Aus einer mittleren bis langsamen Fahrgeschwindigkeit dreht Thomas das Board in die Switchposition. Sofort nach der Drehung, aber mit etwas Kantendruck, lenkt Thomas nun den Kite Richtung Zenit. Bei der Einsteiger-Variante kann Thomas sogar noch einen Kontrollblick riskieren, ob der Kite auf dem Weg in den Zenit ist und er weiterhin ein Stück vorausfliegt. Hier beginnt er auch schon, auf die neue Backside-Kante zu wechseln.
Der Kite hat den Zenit durchflogen, deshalb fliegt Thomas den Kite entschlossen in die neue Windfensterhälfte. Würde er das nicht tun, wäre ein Kreuzen der Flugbahn schwierig und der Kite würde zum Ende der Kurve bereits am Rand des Windfensters angekommen sein, die Fahrt wäre damit vorbei.

4/5/6 Thomas beginnt schon mit der Rücklenkbewegung des Kites, kreuzt nun die Zugrichtung des Kites und wechselt auf seinen neuen Amwindkurs.

7/8 Da der schwierige Teil bereits erledigt ist, kann Thomas ganz entspannt auf den neuen Amwindkurs gehen.

 BLIND

Blind-Gänger

Es sieht aus wie ein Film, der rückwärts läuft: Blind fahren wirkt leicht skurril. Dabei hat Rückwärtsfahren einen hohen Stylefaktor mit vielen Trickvarianten.

Blinde wollen mehr Erfolg sehen. Ein alter Kalauer, nie wahrer als beim Versuch, in die „falsche Richtung" zu fahren. Wie schwierig eigentlich ist Blind fahren?

Im Sinne verschiedener Fahr-Fertigkeiten sind drei Fahrpositionen möglich. Die normale Fahrt auf der Backside-Kante (Heel side), Switch oder auch Toeside genannt, und eben die Blindfahrt. Wenn man die drei miteinander vergleicht, dann ist Blindfahren tatsächlich die schwierigste Art, sich auf dem Wasser fortzubewegen – aber eben auch die faszinierendste.

Warum sieht man so selten Kitesurfer, die das Blindfahren trainieren?

Wie bei den meisten Bewegungen, die man neu erlernt, verlässt man zu Beginn häufig das Brett. Bei den Stürzen aus der Blindfahrt sind das zumeist Abgänge mit dem Rücken voraus – unangenehm.

Wo liegen die Knackpunkte beim Wechsel in die Blindfahrt?

Wie bei vielen Manövern im Kitesurfen mangelt es häufig an Entschlossenheit. Wenn ich die Drehung des Brettes einleite, dann aber auch so weit, dass ich

1 In der Vorbereitung zum Sprung in to blind greift Jörn die Bar mit der vorderen Hand mittig. So vermeidet er eine Steuerbewegung des Kites Richtung Wasser. Im Moment des Absprunges Richtung Blind ist Jörn absichtlich aufgerichtet, das erleichtert die Körperrotation.

2 Um eine ausreichende Körperdrehung zu erreichen, dreht Jörn den Oberkörper weit gegen die Fahrrichtung. Da die Bar nur mit einer Hand gehalten wird, dient der hintere Arm als Schwungverstärker.

3 Der Kopf und damit die Blickrichtung sind bereits vor der Landung nach gerade-hinten ausgerichtet, um eine sichere Landung zu gewährleisten.

4 Bei der Landung ist eine ausgewogene Gewichtsverteilung wichtig. Zuviel Gewicht auf dem hinteren Bein bedeutet den sicheren Sturz. Jörn beugt den Oberkörper vor, um Gewicht vom hinteren Bein zu nehmen und nach vorne aufs „Heck" zu bringen. Während des Hochfliegens des Kites auf die 12.00-Uhr-Position das Brett anluven/ankanten. Je schneller der Kite in den Zenit geflogen wird, desto stärker gilt es, das Brett aufzukanten, damit man nicht am Kite vorbeifährt. Thomas hat in dem Moment, in dem der Kite den Zenit durchfliegt, seine Fahrt vollständig ausgebremst.

Thomas hatte bei der Landung in Blind die Schulterachse 90 Grad zur Brettlängsachse verdreht, im ausgehakten Zustand sogar noch weiter. Große Schwierigkeiten bereitet die Kitesteuerung, weil die an der Bar verbleibende Hand auf der „falschen" Seite den Kite steuert, damit er auf einer halbhohen Position gehalten werden kann und nicht Richtung Wasser steuert.

auf einem Raumwindkurs lande, sonst hat man sofort zuviel Zug im Kite, und die Kontrolle wird weitaus schwieriger. Hierbei sind das Verdrehen des Oberkörpers und der Blick nach hinten ein entscheidendes Merkmal. Idealerweise hat man bei der Landung im eingehakten Zustand die Schulterachse 90 Grad zur Brettlängsachse verdreht, im ausgehakten Zustand sogar noch weiter. Die Kitesteuerung wird aber auch nicht einfacher, schließlich sollte während der Fahrt die an der Bar verbleibende Hand auf der „falschen" Seite den Kite steuern, damit er auf einer halbhohen Position gehalten werden kann.

SICHERHEIT

Notruf

**Im Gegensatz zu anderen Fliegern haben wir noch keinen Funk an Board.
Deshalb müssen wir uns mit Start- und Landehelfern per Zeichensprache verständigen.**

ICH BRAUCHE HILFE

Müde Fliege: Dieses Zeichen hat sich international durchgesetzt – und wird intuitiv von jedem verstanden: Die ausgestreckten Arme werden so oft über dem Kopf gekreuzt, bis jemand verstanden hat: Hier braucht einer dringend Hilfe.

START FREI

Daumen hoch: Wenn der startende Kiter die Leinen und die richtige Position des Starthelfers gecheckt hat, streckt er den Daumen nach oben. Dem Starthelfer hat der Kiter vorher eingebleut: Den Kite erst dann loslassen, wenn du dieses Zeichen siehst.

STARTABBRUCH

Stop da ist der Wurm drin. Wenn's beim Start Leinensalat gibt oder der Startplatz nicht nicht frei ist, bricht der Kiter den Start mit einem Handwischer ab. Wichtig: Dem Helfer dieses Zeichen vorher erklären.

MÖCHTE LANDEN

Hand auf Kopf: Ein Zeichen, das sich international auch eingebürgert hat: Wenn sich der Kiter dem Ufer nähert, bewegt er die Hand über dem Kopf auf und nieder. An Kite-Spots wissen die Kumpels an Land: Der möchte landen. Einer nimmt sich dann hoffentlich des Kites an.

ZEICHEN FÜRS ZWISCHENMENSCHLICHE

BITTE EIN BIER aber kalt, wenn ich bitten darf (linkes Zeichen). Rechts: Habe die Mütze verloren, Sonnenstich droht. Kleine Warnung: Diese Zeichen sind noch nicht eingebürgert, sie könnten missverstanden werden.

OK, ICH NEHME DEN SCHIRM

Der willige Landehelfer signalisiert dem Kiter auf dem Wasser: Ok, ich nehme Deinen Kite an. Dieses Signal hat zudem den Vorteil, dass der landende Kiter weiß: Dieser Helfer ist selbst Kiter und kann einen Schirm fachmännisch annehmen.

Seenot macht erfinderisch

Die häufigsten Seenotfälle gehen nicht aufs Konto Wind, sondern sind auf Material und fahrtechnische Defizite zurückzuführen. Sebastian Kappauf zeigt, wie man sicher heimkommt.

Wenn der Schirm noch trägt, besitzt man ein funktionstüchtiges Rettungsboot. So kann man bei Flaute zur Küste paddeln. Sind die Tubes aber leer und tragen nicht mehr, den Schirm sehr schnell aufgeben – jede Minute bringt den Havaristen weiter weg vom Strand. Dann gilt es, mit dem Brett *niemals* frontal gegen den Wind und die Strömung zu schwimmen. Steht in einer Bucht eine starke Strömung, kühl überlegen: Wo Wasser rausläuft, kommt es andernorts rein – entweder in der Mitte der Bucht oder am Rande. Deshalb seitlich aus der Offshore-Strömung rausschwimmen und die Onshore-Strömung suchen. Eine weitere Möglichkeit, sich bei Schwachwind und intaktem Schirm nach Hause zu stehlen, ist das Bodydraggen mit Kite auf der Wasseroberfläche am Windfensterrand.

Sebastian hat sich an einer im Wasser liegenden Steuerleine an den Kite gehangelt und dreht ihn so um, dass er als U auf dem Wasser liegt. Dann wickelt der „Schiffbrüchige" die Bar auf, damit die Leinen keinen Unfug mehr anstellen können. Er legt das Board in den Kite und setzt sich auf die Fronttube. Jetzt hat er zwei Möglichkeiten. Ist ein anderer Kiter oder ein Schiff in Sichtweite, macht er das internationale Seenotzeichen: die gestreckten Arme über Kopf schwenken. Oder er hilft sich selbst: Sebastian zeigt auf dem Bild links, wie man aus dem schwimmenden Kite eine Art Felluke macht: Man zieht mit einer Frontleine ein Ohr zu sich her und erhält so ein Notsegel. Diese Konstruktion bildet ein Profil aus, das ein bisschen Vortrieb erzeugt.

VORFAHRT

In solchen Situationen sollte sich der Kiter lange machen und ganz schnell verschwinden – Berufsschifffahrt und Wasserschutzpolizei kennen keinen Spaß, wenn man im Fahrwasser die Passagiere an der Reling unterhalten will.

Leebenswichtig

Selbst an dichtbevölkerten Kitespots, in denen man den Kite rauf- und runterfliegen muss, als wär's ein Scheibenwischer, funktionieren die Vorfahrtsregeln – in der Regel – gut.

Ausweichpflichtig ist der mit dem ältesten Schirm, der größten Angst oder der größten Familie. Jedenfalls hat sich ein Verhaltenskodex eingebürgert, mit dem man leben kann. Wer in Lee ist, fliegt den Kite runter, in Luv fliegt man ihn hoch. Punkt. Wenn Kiter allerdings auf ihrem Kurs bestehen und ihren Luftraum verteidigen, dann sollte man die offiziellen Regeln kennen. Die heißen nach alter Seemannssitte: Backbordbug vor Steuerbordbug, Lee vor Luv und der Überholer muss ausweichen. Diese Regeln sind im Falle eines Unfalls sogar Gesetz.

Kiter müssen übrigens nach deutschem Recht fast allem ausweichen, was schwimmt. Wir sind so was wie die Rollerblader auf der Straße.

VORFAHRT

Die grüne Markierung an der Bar deutet es schon an: Wenn dieses Barende in Fahrtrichtung vorne ist, hat der Fahrer Vorfahrt.

VORFAHRT ACHTEN

Umgekehrte Situation: Der Fahrer hat die linke Hand vorne und damit die rote Markierung: Das bedeutet: ausweichpflichtig beim Begegnungsverkehr.

Hier hat der Fahrer die linke Hand vorne. Der Kite fliegt in Fahrtrichtung rechts vom Fahrer – er ist auf Steuerbordbug unterwegs. Er muss ausweichen.

Dieser Kiter hat die rechte Hand vorne – er befindet sich auf dem Backbordbug (der Kite steht in Fahrtrichtung links). Das bedeutet: Er hat Vorfahrt.

Der Fahrer im Kreis fährt in Luv des anderen Kiters. Die Seemannsregel heißt: Lee vor Luv. Der Fahrer in Lee könnte ihn sogar ausluven, der obere Fahrer müsste mit anluven, bis er umdrehen muss.

Der Fahrer im Kreis hat hier Vorfahrt und kann seinen Kurs frei bestimmen – er fährt in Lee des anderen Kiters. Wiederum: Lee vor Luv.

Der Fahrer im Kreis ist auf der Überholspur und muss deshalb tief in Lee ausweichen. Regel: Der Überholer muss sich freihalten. Wenn die Überholten ihren Kite runterfliegen, könnte er auch in Luv überholen.

Der Fahrer im Kreis wird überholt und darf seinen Kurs fortsetzen, der hintere muss ausweichen. Allerdings ist der Überholte dann verpflichtet, seinen Kurs zu halten.

MAKING OF

Experten aus der Lach- und Schieß-Abteilung

Experten die einen sitzen haben

Experten die manchmal kopflos sind

Experten
die viel Wind machen

Experten
die was tauchen

KITE Magazin
dank herzlich:
Thomas Beckmann
Jörg Kappenstein
Christian May
Boogie Burgermeister
Alex Korb
Stefan Fuhrmann
Dirk Hanel
Thosi Wiesbauer
Fabian Kleiner

IMPRESSUM

KITE COLLEGE©
Gerd Kloos/Thomas Beckmann
Verlag Kite & Learn GmbH
1. Auflage
Fotos:
© Gerd Kloos
(Seite 6: reemedia)
ISBN 978-3-937061-03-0

Grafische Gestaltung
Renate Gick
Composing
Harald Fürst

Verlag:
Kite & Learn
Wörthseestraße 7a
82211 Herrsching a. Ammersee
Tel. 08152/99903
redaktion@kitemagazin.de

Vertrieb
Partner Pressevertrieb GmbH
70597 Stuttgart
Tel: 0711/7252211

Reproduktion
Dual Concept/Harald Fürst
Thann-Matzbacher-Str. 11
84435 Lengdorf

Druck
BRÜHLSCHE
UNIVERSITÄTSDRUCKEREI
GIESSEN
Am Urnenfeld 12
35334 Gießen

DVD KITE COLLEGE
© by Gerd Kloos & Thomas Beckmann
Kite & Learn GmbH,
Herrsching

Dieses Print- und DVD-Produkt und alle in ihr enthaltenen Beiträge und Abbildungen sind urheberrechtlich geschützt. Alle Rechte vorbehalten. Ohne ausdrückliche Erlaubnis des Verlages darf das Werk, auch nicht Teile daraus, weder reproduziert, übertragen oder kopiert werden, wie z. B. manuell oder mithilfe elektronischer oder mechanischer Systeme inklusive Fotokopien, Bandaufnahmen und Datenspeicherung.